名家論國中國文續編（上）

陳滿銘 等著

◎

傅武光 主編

序

陳滿銘

《國文天地》自創刊迄今，由於一直堅守著「發揚中華文化、普及文史知識、輔助國文教學」的宗旨，盡心耕耘，所以能在廣大讀者的支持下度過十三個年頭，共出版了一百六十期。這除了得力於歷任社長、總編輯及編輯委員的努力外，更要歸功於每期執筆者的熱心支持，這些執筆者，不是各大學中（國）文或相關科系的專家學者，就是富於教學經驗的中學教師。《國文天地》所以能持續成長，他（她）們是最大功臣。

大致說來，《國文天地》每期都可容納二十篇上下的文章，這樣一百六十期下來，總共刊載了約三千篇文章。在這三千篇左右的文章裡，有一些是以專欄形式出現的，其中屬於「集體創作」的，如〈解惑篇〉與〈大陸焦點學人〉等；屬於個人的，如葉嘉瑩教授的〈嘉瑩談詩〉、周何教授的〈經典的智慧〉、王開府教授的〈四書的智慧〉、葉國良教授的〈詩文與禮制〉、傅武光教授的〈老莊散論〉、林伯謙教授的〈佛學的智慧〉、陳新雄教授的〈蘇詩賞析〉、蔡宗陽教授的〈中學修辭講座〉、楊如雪副教授的〈文法〉和楊鴻銘老師的〈作文教室〉、王窓賢老師的〈教學集錦〉等。這些專欄的文章，都贏得不少喝采聲，為了延續這些喝采聲，《國文天地》和它的關係企業萬卷樓圖書有限公司特地量力加以結集成書，其中已出版的，有周何教授的《古禮今談》、王開府教授的《四書的智慧》和《解惑篇》上下；正排印中的，有楊如雪副教授的《文法ABC——交給你一把解開國文文法的鑰匙》和周何教授的《說禮》；預定於近期編印的，有蔡宗陽教授的《實用修辭學》，而陸續想結集成書的，也有多種；希望藉此能發揮更大的影響力。

除了結集專欄的文章外，《國文天地》和它的關係企業萬卷樓也先後將同類性質的文章結集成書。其中屬於「集體創作」的，有《名家論國中國文》和《名家論高中國文》；屬於個人的，有王熙元教授的《詩詞評析與教學》和拙作《國文教學論叢》與《國文教學論叢續編》。這些書都本著「輔助國文教學」的核心宗旨來出版，以提供國、高中教師作教學參考之用，很幸運地，都獲得相當大的回響。

這回受到這種回響的鼓勵，一口氣推出五本書。其中《名家論高中國文》，雖為了適應現行教材，增損各五篇，作了一些調整，但還算是再版書。而《名家論國中國文續編》上下，則接續《名家論國中國文》，選自《國文天地》第四十二期至第一五九期止，共選了四十三篇文章編入上冊，選了三十二篇文章編入下冊。至於《名家論高中國文續編》上下，就好像國中的《續編》一樣，緊接著《名家論高中國文》來選，由《國文天地》第四十三期選至第一五七期止，共選了四十八篇編入上冊，選了四十五篇編入下冊。這上下四冊書的上冊，都配合國、高中國文課本的第一、三、五冊來編；而下冊則配合國、高中國文課本的第二、四、六冊來編，以方便中學教師隨時分冊查閱參考。

這五本書所選文章，涵蓋領域極廣，諸凡作者生平、單詞分解（含形、音、義）、語句剖析（文法）、義旨探究、作法審辨（修辭、章法、風格）、讀法講求、作文指導及相關常識等國文教學的重要項目，幾乎每冊都備具；而且有的分論個別的課文，有的總論讀寫的要領，既有理論的闡述，也有經驗的印證，這對國、高中的國文教學而言，相信是會大有助益的。

出版前夕，一則為國、高中國文教師慶，因為這五本書等於是國文教學的總顧問，可以幫助大家釋難解惑，並提供新的方法；一則為《國文天地》賀，因為這五本書的出版，顯示了雜誌成長的痕跡與豐收的喜悅。於是略綴數語，聊表慶賀之意。

民國八十七年八月三十一日晨

主編的話

傅武光

「輔助國文教學」是《國文天地》出刊的主要宗旨之一，每期都有名家執筆，討論國文教材的內容和教學的方法，深為各級學校師生所喜愛，這些精采的文章雖然定期刊出，但其參考價值並不限於一時，所以本社於民國七十七年有《名家論高中國文》和《名家論國中國文》的集結。以方便師生們的閱讀，而不必一期一期地翻檢。推出之後，深受歡迎，至於一版再版。

如今，又過了十年，《國文天地》已出刊至一百六十期，同類的文章又累積了數十百篇，於是再為各級學校師生服務，將這些文章薈編為《名家論高中國文續編》和《名家論國中國文續編》。由於文章多，所以各分上下冊，一共四冊。上冊專收有關一、三、五冊課文的文章，下冊專收有關二、四、六冊課文的文章，這樣的安排，是考慮到使用時的方便，也就是上學期使用上冊，下學期使用下冊，不必找來找去。

此書的出版，我們事先皆曾以書面徵詢作者的同意，作者們無不一本關愛《國文天地》之初衷，欣然俯允，但由於時空的轉移，有部分作者搬了家、出了國，幾經探詢，都聯絡不上，使我們的出版工作有所遲疑，不過，最後我們相信，失聯的作者，既愛護學術、支持本刊，也一定樂見本書的問世。而且讀者們也亟思採擷他們智慧的結晶，所以我們還是沒有把失聯的作者的大作剔除在外，希望作者們如果尚未接獲我們的徵詢同意書，請向本社聯絡，本社當奉上薄酬略表寸心。

作者簡介・・（依姓氏筆劃排列）

王更生　師大國文系教授
王紹文　附中退休國文教師
王開府　師大國文系教授
王熙元　故師大國研所所長
宋　定　中央研究院史語所研究員
宋滌姬　高雄小港國中教師
李梁淑　南榮工商專校教師
周兆祥　大陸學者
易俊傑　湖南邵陽教師選修學院講師
林政華　國立台北師院語文系教授
林瑞景　屏東中正國中教師
林繼生　新泰國中教師

孫秀玲　空大兼任講師
孫振志　內壢自強國中教師
袁行霈　北京大學中文系教授
張麗芬　陽明國中教師
連文萍　東吳大學中文系講師
許清雲　東吳大學中文系教授
陳滿銘　師大國文系教授
陳曉江　台北西湖國中教師
傅武光　師大國文系教授
馮　聞　台北弘道國中教師
黃錦鋐　前師大國研所所長、國文系主任
葉憶如　台中明道中學教師
劉俊廷　中山中文研究所學生
劉崇義　台北市民族國中老師
蔡君逸　東吳中研所碩士
蔡雲雀　桃園縣泉橋高中教師

戴尚文 南京機械專校退休教師
鍾怡雯 元智大學中文系講師
欒梅健 蘇州大學中文系教授

目錄

序　陳滿銘　1
主編的話　傅武光　1
作者簡介

分論

第一冊

兩首〈登鸛鵲樓〉詩之比較　劉崇義　1
讀〈兩首登鸛鵲樓詩之比較〉迴響
敬覆許清雲教授　許清雲　11
——補充說明兩首〈登鸛鵲樓〉詩的作者問題　劉崇義　15
李白黃鶴樓詩的兩個異文　林政華　23
孤帆遠影寓高懷
——李白〈黃鶴樓送孟浩然之廣陵〉賞析　黃盛雄　27

姑蘇江楓 劉俊廷 31
詩韻鐘聲話楓橋 欒梅健 33
江楓不是楓樹嗎？ 傅武光 39
張繼〈楓橋夜泊〉賞析 張高評 45
從浮生六記一窺沈三白的夫妻生活 蔡雲雀 49
不慣嬉戲的糜先生
——《四十自述》與胡適的幼年時代 李梁淑 53

第三冊

啞啞思親曲・苦苦勸世歌
——白居易〈慈烏夜啼〉賞析 連文萍 69
〈張釋之執法〉中「行」的詞性 孫振志 75
〈為學一首示子姪〉「之」字詞性的辨正 王紹文 79

第五冊

江南風光與故國情懷
——試析李珣〈南鄉子〉與朱敦儒〈相見歡〉 王熙元 83

山水駢文的佳作
——讀吳均〈與宋元思書〉 周兆祥 89
奇山異水天下獨絕
——吳均〈與宋元思書〉賞析 易俊傑 95
談〈與宋元思書〉與〈溪頭的竹子〉二文
在結構上的異同 陳滿銘 101
世路如今已慣此心到處悠然
——淺介張潮及其《幽夢影》 蔡君逸 111
辛棄疾〈西江月〉(夜行黃沙道中)析探 葉憶如 121
壯志飢餐胡虜肉，笑談渴飲匈奴血
——漫談〈滿江紅〉與民族意識 宋 定 135
〈與荷蘭守將書〉涉及的貿易背景 陳曉江 139

通論

國語文教學的新方向 黃錦鋐／演講 鍾怡雯／記錄 149
給國文科教師新鮮人的一些建議 孫秀玲 159

國文課的新天地
——關於國文教法的一些體驗 連文萍 179
創新國文教學之前
——一位國中老師的心聲 馮聞 187
從文藝欣賞看國文科《論語》選教學 王更生 197
「老師，作文真好玩」
——國中創意作文作業設計 張麗芬 211
作文課像記者會
——「老師的秘密」探訪記 林瑞景 225
永生難忘的「恐怖箱」 林瑞景 235
創意味覺作文
——口齒留香的萬巒豬腳 林瑞景 245
談作文命題的原則 陳滿銘 255
談作文批改的原則 陳滿銘 277
談幾種非傳統的作文命題方式 陳滿銘 291

分論

第一冊

兩首〈登鸛鵲樓〉詩之比較

劉崇義

國中第一冊五言絕句選，錄盛唐的王之渙〈登鸛鵲樓〉詩（以下簡稱王詩），很巧地在中唐的暢當也有一首五言絕句〈登鸛鵲樓〉詩（以下簡稱暢詩），既是同樣的體裁、同樣的題目，而二詩有什麼異同，值得探討。

王之渙的生平，從後來發現唐代靳能所撰寫的墓志銘，能略知大概，靳能說：

「慷慨有大略，倜儻有異才……至夫雅頌發揮之作，詩騷興喻之致，文在斯矣，代未知焉，惜乎。」①

可知，王之渙在政壇官場上非常不得意，但在文學創作評價及詩壇聲譽卻很高，元代辛文房也稱讚說：

「為詩情致雅暢，得齊梁之風，每有作，樂工輒取以被聲律。」②

而暢當，在唐代宗「大歷七年進士擢第後，仕途淹滯，有志不騁，也曾隱遊。」③，曾寫詩說：

「拙昧難容世，貧閑別有情。」④

確實對現實頗感失望。

王、暢兩位詩人，在官場上不得意，這是他們的共同點，而在詩的境界上，各有不同的風貌，茲就王詩、暢詩比較，項目分二項：

第一，在景色、主旨方面。

詩人創作的動機，往往受外在景物的刺激、影響，於是藉著外在的景物表達內在的情感，誠然梁代劉勰所說：

「物色之動，心亦搖焉……情以物遷，辭以情發……山沓水匝，樹雜雲合。月既往還，心亦吐納。春日遲遲，秋風颯颯。情往似贈，興來如答。」⑤

因此，以運材的觀點，「情」的表達是「虛」法、「景」的表達是「實」法，在「景」

中，工寫為「實」法，泛寫為「虛」法⑥。運用「虛」、「實」法，無非是增加渲染情感的力量，所以成為歷代的文學家莫不重視的課題。誠然清代金豐說道：

「從來創說者，不宜盡出於虛，而亦不必盡由於實。」⑦

所以說，不論各種文學體裁，皆重視運用「虛」、「實」的方法。

在王詩的第一、二句是寫景的。第一句「白日依山盡」是實寫，詩人就眼前景，描繪鸛鵲樓四周的山勢非常高峻，為整個空間呈現氣勢非凡的架勢，即襯托樓高；第二句「黃河入海流」是虛寫，詩人就意中景，想像黃河的水以壯闊的氣勢滾滾流入遠遼的東方，襯托出樓高能望得極遠，同時整個空間擴大到無窮盡。二句寫景，無疑地結合景色的廣度與深度，將當前景與意中景溶合為一，「虛」、「實」相生，使得景色收到「縮萬里於咫尺，使咫尺有萬里之勢。」的效果。

而暢詩的四句皆寫景。第一、二句「迴臨飛鳥上，高出世塵間」，是虛寫，運用俯首鳥瞰的方法，泛寫近處，身在飛鳥的上面，似乎已經離開了人間，從側面烘托樓高。第三、四句「山勢圍平野，河流入斷山」是實寫，透過實地描寫周圍的環境，工寫遠處，也是烘托樓高。整首四句，先後從近處、遠處皆扣住樓高著墨的。

兩詩在景色方面，王詩的前二句、暢詩的四句皆有共同的描繪主題，兩人也都運用了「虛」、「實」的方法，但是比較起來：王詩概括力比較強，同時描述黃河的氣勢，給人的感染相當有震撼力；而暢詩在實景方面，較具細緻，實際將樓的四周環境如實的呈現。所以說兩詩各有見地，前人的評論，說的也頗中肯，例如：黃叔燦評道：

「然王詩妙在虛，此（指暢詩）妙在實。」⑧

潘德輿評道：

「暢當詩『迴臨飛鳥上』云云，與之深遠，不逮之渙作，而體亦峻拔，可以相亞。」⑨

俞陛雲評道：

「以賦景論，暢之『平野』、『斷山』二句較王詩為工細。」⑩

在表現主旨方面，王詩放在第三、四句「欲窮千里目，更上一層樓」，是虛寫，由於前一句，詩人望盡了可看到的景色，於是情不自禁產生積極的想法——如果能再登上一層樓，即可望得更遠的哲理，推衍出更高的境界、更大的視野，使得詩人內心的感受，非常生動地轉化為深刻的哲理。這種積極向上的意念即是主旨，王詩以哲理來代替抒情，並無道學說理的毛病，反而富有趣味，確屬難得，陳邦炎先生說得好，他說：

「像這首詩，把道理與景物、事情溶化得天衣無縫，使讀者並不覺得它在說理，而理自在其中。這是根據詩歌特點、運用形象思維來顯示生活哲理的典範。」⑪

而暢詩的主旨，在篇外，是藉著襯托樓高的景色，來暗寓詩人的情懷。誠然倪其心先生解釋說：

「前二句寫樓高以寄胸懷……從思想境界看，則詩人自有一種清高、俊逸的情懷，志氣凌雲，而飄飄欲仙，大有出世之想……後二句寫四周景象以抒激情……這概括的描寫，勾勒出山河的形勢和氣勢，同時也顯示出詩人開闊的胸襟和奔放的激情，目光遠大，志向無羈。這二句與前二句一氣相貫，既以顯出樓高望遠，更以見出詩人志高氣逸的情懷。」⑫

從表現主旨方面，王詩是以「景入理勢」⑬的方式表達積極向上的主旨；而暢詩是以「緣景生情」的方式表達詩人孤芳自賞的主旨。兩人在政壇上皆不如意，但是在詩中所表現的氣度，高下立判，難怪有人讚美王詩具有「盛唐氣象」⑭。

第二，在句法、字法方面。

以句型論，王詩、暢詩的四句，皆屬敘事句。不過其中仍有些差異。

王詩的第一、二句「白日依山盡」、「黃河入海流」是倒裝句，原為「白日盡依山」、「黃河流入海」，二句中的述語「盡依」、「流入」是屬連動式。所謂「連動式謂語」，依易孟醇先生解釋說：

「連動式謂語，指的是同一主語擁有兩個或兩個以上的動詞來陳述；而且，這些動詞表示動作行為的連續，有時間先後之分，一般不能顛倒；或者有主次之分，以一個動詞說明另一個動詞所表示的動作行為的狀態、程度、目的、手段等。」⑮

因此，「白日盡依山」即是「白日依山」於是又「白日盡」；「黃河流入海」即是「黃河流」於是又「黃河入海」。詩人為了加強白日、黃河的狀態與氣勢，於是將時間先後及秩序故意顛倒，所以成為「白日依山盡」，「黃河入海流」。

而暢詩第一、二句「高出世塵間」、「河流入斷山」也屬連動式的句子，「高出世塵間」即是「樓高」又「樓出世塵間」；「河流入斷山」即是「河流」又「河入山」又「河斷山」。

兩首詩，皆能運用連動式的特性，包涵更多的意思，而王詩又進一步改變詞序，造成另一番的狀態、氣勢（在後字法中談到），就以點看，王詩優於暢詩。

另外王詩四句皆對仗。一、二句並屬工對：白日——黃河、依山——入海、盡——流。不僅詞性相對，而且又屬同類。一般而言，絕句不宜皆對仗，有礙情感的表達，而王詩不但沒有這樣的毛病，相反地更增加藝術的感染力，誠然清代沈德潛評道：「四句皆對，讀去不嫌其排，骨高故也。」⑯劉拜山先生也說明：「四句皆對，而一氣流走，悠然不盡，實緣命意高也。」⑰

反觀暢詩沒有對仗，因此與王詩比較，在技巧上比不上王詩。以上是兩首詩在句法方面的比較。

在字法方面，王詩運用相當精確，以致產生更豐富的意境。卞孝萱、黃志洪兩位先生評解說道：

「詩人扣緊『登』字，著眼『窮』字，抒寫了登樓的見聞和感受。前二句，詩人用『依』、『盡』來表現白日順著山勢悠然西去的狀態⑱，顯示西望之高遠；用『入』、『流』來表現黃河奔騰南瀉的聲勢，顯示南望之曠達。只見遠處的蒼山，樓下的黃河，河中的高樓，在白日輝映之中五色紛陳，蔚為壯觀。詩人由於『登』樓而能得此景觀，就很自然地聯想到欲更上一層而『窮』之，於是就由對眼前的景物感受，升華為富於哲理的感受，寫出了後兩句……賦與前兩句的景物描寫，以更深刻更豐富的內容，確屬『神來之筆』」⑲

同時，在第一句的「依」字，表現白日「緩」、「靜」的勢態；而第二句的「入」字，表現黃河「急」、「動」的勢態。上下二句運用了緩急、動靜的對比，使得登樓看到的景色，富有蓬勃的朝氣。第三句的「欲」字，表達出渴望的追求目標；第四句的「窮」字，表達出追求目標的決心。三、四兩句襯托出作者「爬得高，看得更遠」的主旨。

而暢詩，在第二句的「高」字、「出」字，不僅寫出樓高的情形，更是表達作者高遠的志向，才能出眾的自負，襯托出詩人政途失意的情懷。

兩詩在寫法方面，皆能善加運用，只是王詩運用的頻率高，所以襯托的情意更為廣泛些。

綜合前述，兩詩在相同的部分中，又有不同的差異，可以看出兩人的巧思：在景色方面，各見其功夫；在主旨方面，王詩較為積極；在句法方面，王詩較為靈活；在字法方面，王詩運用較廣泛。這些比較，除了分別兩詩的差異，更重要的，可提供作鑑賞方面的參考。

注釋：

①、②見於孫映逵校注《唐才子傳校注》（中國社會科學）頁二三七引、頁二三四。

③引用倪其心先生的話，見於《唐詩鑑賞辭典》（上海辭書）頁七四一。

④見於〈天柱隱所重答韋江川〉詩。

⑤見於《文心雕龍・物色》。

⑥參考劉衍文、劉永翔著《古典文學鑑賞論》（上海教育）頁四七〇、四七一。

⑦見《說岳全傳・序》。

⑧見於《唐詩箋注》，引自《唐人絕句評注》頁一二三。

⑨見於《養一齋詩話》，引自《唐人絕句評注》頁一二三。

⑩見於《詩境淺說續編》（上海）頁一六。

⑪、⑫見於《唐詩鑑賞辭典》（上海辭書）頁七三、頁七四一。

⑬此語引用空海《文鏡秘府論》的話。

⑭、⑲見於《中國歷代著名文學家評傳》（山東教育）第二卷頁八三。

⑮見於《先秦語法》（湖南教育）頁二〇七。

⑯見於《唐詩別裁》。

⑰見於《唐人絕句評注》（木鐸）頁一九。

⑱此處評解有誤，應為「因為山勢高峻而使得白日隱沒的狀態」。

原載於《國文天地》第95期
民國84年2月，頁105～108

讀〈兩首登鸛鵲樓詩之比較〉迴響

許清雲

閱讀《國文天地》總九十五期劉崇義君〈兩首登鸛鵲樓詩之比較〉一文後，願意提供少許觀點和資料，相互切磋。

劉君在句法、字法方面，比較二詩之優劣說：「王詩四句皆對仗」，「反觀暢詩沒有對仗，因此與王詩比較，在技巧上比不上王詩。」關於這段文字，本人有不同的看法。首先，總覺得對仗並不屬於句法的範疇。古典詩詩律，尤其是近體詩，對仗是相當重要的一環，是可以比較其高下，但應該獨立開來討論。其次，絕句詩並不硬性規定要有對仗句子，因此，吾人不能光以有沒有使用對仗來論斷其優劣；認定有對仗句子為優，沒有對仗句子為劣，這樣比較，有欠公平。又其次，暢詩四句真是沒有對仗句子嗎？如果按照傳統的對仗分類法①來看：「迴臨飛鳥上，高出世塵間。」是屬於方位對；因為「上」和「間」都是方位詞。「天勢圍平野，河流入斷山。」是屬於地理對；因為「平野」和「斷山」都是地理門內的名詞。如果按照王力②的說法：迴臨、高出兩句是屬於寬對，因為「飛鳥」和「世塵」只是名詞相對而已。天勢、河流兩句是屬於鄰對，因為「平野」和「斷山」固然同是地理門內的名詞，但「天勢」和「河流」，一為天文門，一為地理門，所以整句看來，還是歸屬鄰對較適宜。如果參照曾永義教授所訂定的對偶層次五個等級③：第一、意義分量相等。第二、語言長度相同、詞性相同。第三、平仄相反。第四、名詞類別相近。第五、名詞類別相同。則迴臨高出一對，已達到第三級，可稱之為寬對。天勢河流一對，已達到第四級，接近第五級，可稱之為鄰對。總之，暢詩也是「四句皆對仗」。不過，平心而論其對仗：王詩「四句皆對，讀去不嫌其排，骨高故也。」（借沈德潛《唐詩別裁》評語）暢詩雖也皆對，然「通體殊傷板直，殆難與王作抗行也。」（借劉拜山《唐人絕句評注評解》語）以上淺見，不知劉君同意否？

又暢當〈登鸛鵲樓〉詩，據宋司馬光《續詩話》、沈括《夢溪筆談》卷十五、彭乘《墨客揮犀》卷二等所載，都說是暢諸作。沈氏筆談還說：「河中府鸛鵲樓三層，前瞻中條，下瞰大河，唐人留詩極多，唯李益、王之渙、暢諸三篇，能狀其景。」王、暢二詩，劉君文中已引，今特抄錄李益〈同崔邠登鸛鵲樓〉一詩，以供劉君及同道參考。李詩云：「鸛鵲樓四百尺檣，汀洲雲樹共茫茫。漢家簫鼓空流水，魏國山河半夕陽。事去千年猶恨速，愁來一日即為（一作知）長。風煙併起思歸望，遠目非春亦自傷。」

又敦煌殘卷伯三六一九，也錄有暢諸〈登觀（宜作鸛，筆誤。）鵲樓〉五律一首，詩云：「城樓多峻極，列酌恣登攀。迴林飛鳥上，高榭代（宜作世，避唐太宗李世民諱而改。）人間。天勢圍平野，河流入斷山。今年菊花事，併是送君還。」兩相對照，則劉君所引暢詩，係此首五律中間兩聯而略作修改罷了。由於敦煌唐詩資料極為珍貴，特抄錄提供喜好雅道同志參考。

注釋：

①此種分類法，一般談詩作法的入門書都會載錄，例如台北莊嚴出版社《古典詩歌入門與習作指導》即有摘錄。

②王力說法見其所著《漢語詩律學》第一章第十四節。王書台北文津出版社、洪氏出版社和宏業書局皆有翻印。

③曾教授之分級見其〈舊詩的體製規律及其原理〉一文。文見台北地球出版社「革新版唐詩三百首」載錄。

原載於《國文天地》第98期
民國82年7月，頁86～87

敬覆許清雲教授

——補充說明兩首〈登鸛鵲樓〉詩的作者問題

劉崇義

《國文天地》九卷二期刊載許清雲教授的大作——〈讀「兩首登鸛鵲樓詩之比較」迴響〉，主要是針對筆者拙文（刊在八卷十一期）提出寶貴難得的賜教，筆者深感許教授的美意，除了表示感謝之外，另在許教授賜教當中提出更正、疑義以及補充說明，謹此向許教授及廣大的讀者作一個交代。

一、對賜教部分的討論

筆者在賞析國中古典詩歌、散文，提出一個體系，即是從「課文」、「題解」、「篇法」、「章法」、「句法」、「字法」到「討論」。其中的「句法」是組成句子的方式，從語法上看，句子有句型的變化；從字數上看，句子有奇偶、參差、對偶的變化；從聲韻上看，句子有節奏的美感等等。因此在討論王、暢兩首詩句的對仗時，列入句法項目中。而許教授卻認為「總覺得對仗並不屬於句法的範疇」，不知道許教授對「句法」下如何的定義？如果是照筆者的體系，對仗可否納入「句法」呢？（筆者的體系中，其他項目，因不在討論範圍內，故未說明，有關詳情，請參閱由台北市教師研習中心編印的《國文教學津梁》內的拙文。）

許教授提出「古典詩律，尤其是近體詩，對仗是相當重要的一環，是可以比較其高下，但應該獨立開來討論。」此項意見相當好，因此就王、暢兩詩之詩句對仗方面比較應作修改，原文說「反觀暢詩沒有對仗，因此與王詩比較，在技巧上比不上王詩。」應修改成「反觀暢詩，對仗屬寬對，而王詩屬工對，這是兩者的差異。」同時許教授指出筆者說暢詩沒有對仗句子的錯誤，特別感謝。

二、王、暢兩首詩的作者

暢當的〈登鸛鵲樓〉詩，一般人引用皆據《全唐詩》，是一首五言絕句：

迴臨飛鳥上，高出世塵間。

天勢圍平野，河流入斷山。

許教授指出「又暢當〈登鸛鵲樓〉詩，據宋司馬光《續詩話》、沈括《夢溪筆談》卷十五、彭乘《墨客揮犀》卷二等所載，都說是暢作。」又說：「又《敦煌殘卷伯三六一九，也錄有暢諸〈登觀（宜作鸛，筆誤）鵲樓〉五律一首，詩云：『城樓多峻極，列酌恣登攀。迴林飛鳥上，高榭代（宜作世，避唐太宗李世民諱而改。）人間。天勢圍平野，河流入斷山。今年菊花事，併是送君還。』兩相對照，則劉君所引暢，係此首五律中間兩聯而略作修改罷了。」

許教授從書面資料及敦煌殘卷證明暢當的詩是屬暢諸，並且五絕原為五律所改。筆者對於其中的書面資料及結論有些質疑，特別請教如下：

第一，在《文苑英華》卷三一二，引暢詩五絕，作者是「張當」。「張」、「暢」皆為舌音，聲母只是不送氣、送氣的差別；另外宋司馬光說到：

「唐之中葉，文章特盛，其姓名湮沒，不傳於世者甚衆。」（《司馬溫公詩話》）

可見有些在口耳相傳之下，「暢」誤為「張」是可以理解的，反觀「當」誤為「諸」，聲誤毫無相干，實不可能。因此，宋代初年編的《文苑英華》記載暢詩五絕為暢當，應不容輕率否定！

第二，在《唐詩紀事》卷二七，記載暢詩五絕屬「暢當」，此書是南宋計有功的作品，也不容輕率否定。

第三，如果說暢詩五絕即是屬於暢諸詩的五律，那麼「暢諸」是什麼人呢？依照計有功的說法，暢諸是暢當的弟弟，他說：

「暢當……與弟諸，皆有詩名。」（《唐詩紀事》）

不過更早時代的唐代林寶說：

「暢……陳留風俗傳有暢，悅河東人。狀云本望魏郡璀子當、悅子愃。又詩人暢諸，汝的人，許昌尉。」（《元和姓纂》卷九）

可知暢當、暢諸不同地方的人，因此計氏的說法不能成立（岑仲勉先生已有持此說法，見於《元和姓纂四校記》卷九及〈讀全唐詩札記〉）。

知道「暢諸汝坼人，許昌尉」之外，尚有在清人徐松撰的《登科記考》卷七，將暢諸列入「開元九年的拔萃科」進士，徐松是依據《文苑英華》中暢諸的〈歷生失度判〉，而在〈歷生失度判〉下，註明說道：

> 「此篇，今本《文苑英華》闕名，茲據《永樂大典》載舊本《文苑英華》補。」

可知徐松據《永樂大典》引用《文苑英華》的資料，補上「暢諸」的名字，這只是一項孤證資料，尚不能成為定論，因此〈歷生失度判〉是否是暢諸所作仍應存疑較妥。

綜合前述有關暢諸的生平史料，寥寥可數，因此在未明暢諸生平的情形下，能遽下定論說「暢諸在暢當之前嗎」？還是「暢諸在暢當之後呢？」能說誰修抄誰的詩、誰改誰的詩嗎？學術考訂的工作，千萬不容馬虎，否則不夠周延的論斷，難以令人信服。所以，看到王重民先生依據敦煌資料（伯三六一九），指暢諸的〈登鸛鵲樓〉詩，說道：

> 「《全唐詩》……但僅存中間四句（首尾各缺兩句）載入《暢當集》中。王仲聞先生：『亦見宋無名氏《墨客揮犀》卷二，亦止四句，云暢諸作。』借編《全唐詩》者止鈔詩而誤主名。」（《全唐詩》）

以及許教授說道：

> 「兩相對照，則劉君所引暢詩，係此首五律中間兩聯而略作修改罷了。」

筆者不敢輕言贊同，須等待進一步史料充足、完備些，再作論斷。因此，拙文仍引用暢詩五絕作者屬「暢當」這個傳統的說法。

同樣地，王之渙的〈登鸛鵲樓〉，該詩的作者問題，也依然存疑。最早引用王詩的是唐代芮挺章編的《國秀集》，引詩人、詩題作「朱斌〈登樓〉」；到了北宋《文苑英華》，引詩人詩題作「王之渙〈登鸛鵲樓〉」，沈括的《夢溪筆談》，引詩人作「王文渙」，南宋的洪邁《萬首唐人絕句》，引詩人、詩題作「朱斌〈登樓〉」；最後到了清代，無法確知王詩到底屬誰，詩題也不敢確定，於是在編《全唐詩》時，在朱斌〈登樓〉詩下，注云：「一作王之渙詩」；在王之渙〈登鸛鵲樓〉詩下，注云：「一作朱斌詩」。而目前國中教科書，是採用王之渙〈登鸛鵲樓〉。拙文乃是依據教科書的說法，不過確實作者、詩題仍是存疑。

三、結語

以上兩點是拙文沒有說明清楚的部分，有的合乎許教授的意見而改正，有的不合乎許教授的意見而保留。不管如何，仍然感激許教授的賜教，同時感謝《國文天地》給與補充說明的機會。

原載於《國文天地》第102期
民國82年11月，頁81～83

李白黃鶴樓詩的兩個異文

林政華

詩仙李白有一首膾炙人口的詩，見於許許多多的選本和教本（國中國文課本即有選），它就是〈黃鶴樓送孟浩然之廣陵〉：

故人西辭黃鶴樓，
煙花三月下揚州，
孤帆遠影碧□盡，
惟見長江天際流。

第三句中空缺的字，向來有作「空」和「山」兩種版本。到底應作那個字才合李氏原句？又，是否還有其他字句上的異文？是本文探討的重心。

當發現有兩個以上的異文時，就需要加以校勘。校勘自然是要找善本作為底本；本子古、本子全或名家精注精校本，都是善本的要件。四要件同時俱備最好，但不容易。其中以本子古最珍貴。此詩即可據古本來校勘。茲先述李白詩集的版本源流梗概於下：

《敦煌寫本唐代中葉詩選》殘卷，見羅振玉《羅雪堂全集》四編第五冊

《李太白集分類補注》三十卷十二冊，宋楊齊賢注，元蕭士贇補註（薈要）（按：今藏國立故宮博物院圖書館）。又一部，明正德十五年安正書堂刊本（央圖）

《唐翰林李太白詩》集二十六卷四冊，元刊本（國立中央圖書館）

《李翰林集》三十卷八冊，明初刊白口十行二十字本（央圖）

《李翰林分體全集》四十二卷十六冊，明劉少彝編，萬曆間劉世教刊李杜／合集本（央圖、美國普林斯頓大學葛思德東方圖書館）

《分類補註李太白詩》三十卷三十二冊，宋楊氏注，元蕭氏補注，明嘉靖廿二年郭氏寶善堂刊本（央圖、美國普大）

《分類補註李太白詩》二十五卷附年譜一卷三十二冊，明嘉靖二十五年玉几山人校刊本（央圖、中央研究院傅斯年圖書館。餘同上）

《分類補註李太白詩集》二十五卷，《文集》五卷十二冊，明霏玉齋校刊本（央圖。餘同上）

《分類補註李太白詩》二十五卷八冊，明萬曆三十年長洲許自昌校刊本（央圖、美國普大。餘同上）

《李太白詩集註》三十六卷十六冊，清王琦撰（國立故宮博物院圖書館）

《分類補註李太白詩》二十五卷十三冊，朝鮮舊活字本（央圖。餘同上）

在這些版本中，分為「空」、「山」兩派：

△明人所刻元代蕭氏補註諸本，均作「碧空」。按：此外《全唐詩稿本》（聯經出版公司影印本）、《唐詩品彙》（四庫全書本）、《唐宋詩舉要》（高步瀛撰，學海出版社）、《唐詩新賞》（地球出版社，七十八年四月）等，均同。

△清人王琦註本作「碧山」。此外，《十八家詩鈔》（中華書局四部備要本）、《御選唐詩》（四庫全書本）等同。

到底應作「山」？作「空」？前人多以江淹詩及《清一統志》為證，以為當作「碧山」。江淹詩：「掩映金淵側，遊豫碧山隅。」金淵、碧山均實有其地，即《清一統志》所說：「湖北武昌府：黃鶴山在江夏縣治西隅，一名黃鵠山。府志：黃鶴山自高冠山西至於江，其首隆然，黃鶴樓枕焉。」樓因山而得名，似很有根據，但上述的本子都不如下述的古本，來得有力。

上述第一條：敦煌所藏之唐代中葉《詩選》殘卷中，題此詩為：

「黃鶴樓送孟浩然下惟揚」

而其第三句作：

「孤帆遠映碧山盡」（見《羅雪堂全集》四編五册，頁二二四一）

此中包含下述兩個問題：一為「遠映」與傳統各本的「遠影」不同，孰優孰劣？孰是孰非？值得探討。一為作「碧山」，可與上述王琦註本等相契合。

關於上述二點，黃永武先生的《中國詩學·考據篇》一書，都已有很好的說明，他說：

「可見明本作『空』是錯的，是應該作『山』，（○）同時也發現『孤帆』與『遠影』的意思有些重複，原本作『遠映』也比明清本作遠影好。」（巨流圖書公司本，頁二十八，七十二年二月一版五印）

在版本學上說，能得到較古的善本，所校勘的結果，比較可取；因此，李詩此句作「孤帆遠映碧山盡」，比自來任何本子所作，均較好，較有境界，當是較合太白原意。

原載於《國文天地》第111期
民國83年8月，頁72～73

孤帆遠影寓高懷

——李白〈黃鶴樓送孟浩然之廣陵〉賞析

黃盛雄

李白的「黃鶴樓送孟浩然之廣陵」，是首膾炙人口的詩：

故人西辭黃鶴樓，煙花三月下揚州。
孤帆遠影碧山盡，唯見長江天際流。

此詩洋溢著高邈灑脫的情思，在贈別詩中顯得相當別緻。唐人寫這類詩，在依依的別情中，大多含著哀愁傷痛：良辰美景，何堪言別？於是潸潸淚影便成最常見的畫面，如杜牧贈別：

多情卻似總無情，惟覺樽前笑不成。
蠟燭有心還惜別，替人垂淚到天明。

這首詩，始初描寫想勉強裝笑卻笑不出來，點出內心的哀愁已冉冉升起。而凝聚到濃厚之後，離別的傷痛終於掩抑不住，淚，流了一夜。詩中的感情是沈鬱的，呈現的是濃厚沈滯的情境。這似乎是唐人別離詩的「正宗」。

李詩是送別孟浩然，孟比李白年長十餘歲，又是名詩人，李白很尊重他，贈孟浩然詩云：「吾愛孟夫子，風流天下聞」、「高山安可仰，徒此揖清芬」，可以體會出李白對孟的感情是很深切的，這種感情就瀰漫在李詩裏。李白送別的地方在黃鶴樓，是他很喜愛的名勝地，煙花三月又是美好的時節，此時此景要送別老友，自然是依依不捨的。寫情最顯豁的是「孤帆遠影碧山盡」，這是作者在樓上含情望著老友乘船遠去，逐漸消失在碧綠的羣山之中，一「盡」字寫出作者的久望，十分有情味。

晚笑堂畫傳中的李白

於「唯見長江天際流」中，唯見浩浩漫漫的江水，老友已遠去，江水象徵著無窮盡的離情別緒。與杜牧贈別一類的詩比較起來，它沒有凝重的哀傷，只是無盡的思念，它的感情不凝滯、不拘執，是高遠而灑脫的。在唐人中，這種別離詩較為少見，可稱為「別調」。而「別調」正是李白的特殊之處，從他的生平看來，一生雲遊四海，很少為事物掛心，他高遠灑脫的作品正源於瀟灑浪漫的個性，這種風格洋溢在李白大部分的詩中。

李白的性格十分靈動，因此善於用動景寫鮮活的感情。李詩用流動的大江和航行的孤帆為背景以寫別離，而航行的孤帆載的是辭別的老友，流動的大江寄寓著作者的思念，老友越去越遠，作者越念越深，活動的背景象徵作者與老友生生不息的情意，多麼生動感人！由於寫動景，本詩的空間是小而大，逐漸展開的：辭別地是黃鶴樓，老友的帆影在羣山中遠去，最後剩下大江與天空的一片廣漠，作者的感情就在這片廣漠中迴盪不已。

在語言的運用上，作者善於描寫鮮明的形象，以使詩歌具有圖畫的效果，如黃鶴樓、煙花、帆影、碧山、長江、天際等意象，都是簡單鮮明的，可見作者已先作過篩選，將次要的、附帶的除去，而留下最重要、最有效用的意象。這些意象又有隱顯遠近之分，如帆影在碧山中，帆影是顯是近，碧山是隱是遠，碧山為帆影之背景；長江流於天際，長江是顯是近，天際是隱是遠，天際是長江的背景；故人由黃鶴樓到揚州，黃鶴樓是顯是近，揚州是隱是遠，由顯入隱，由近而遠。作者塑造了這些有距離、有明暗的意象之後，又透過「辭」、「下」、「見」、「流」的動詞將整個畫面組織得活動起來。從現代的眼光看，這首詩是充滿動態的畫，更是躍動的電影畫面。

本詩由於有以上的特色：情思的灑脫、畫面的鮮明生動、語言運用的巧妙，於是整首詩便呈現著靈動而深刻、和諧而自然的境界，使它如天馬行空，令人欽慕，往往便覺其妙而不知其所以妙了。

姑蘇江楓

劉俊廷

《國文天地》一三〇期（八十五年三月）刊出蘇州大學欒梅健教授〈詩韻鐘聲話楓橋〉一文，提到：江楓應作江村橋與楓橋解，並提到多位學者對「江邊的楓樹」之解有所批判。同時提供一張現場照片，畫一「楓橋夜泊處」於江村橋與楓橋間。晚生試就數本方志所見，對此一說法提出反駁：

江蘇現存橋樑，建築年代最早是在宋代，宋之前橋樑目前尚未發現。今日所見之江村橋與楓橋都非唐時即有。據《吳縣志》卷二十五云：現有單拱石橋是同治六年（西元一八六七年）長洲縣知縣蒯德模重建。在此之前的楓橋已於清・咸豐十年（西元一八六〇年）被毀。至於江村橋，據《吳縣志》卷二十五云：「江村橋在楓橋西南，清・康熙四十五年里人程文煥重建。」一則今日所見之江村橋與楓橋皆屬清人重建，至於是否原址重建，尚待考量。

就南宋・范成大編纂的《吳郡志》卷十七說楓橋：「楓橋在閶門外九里，道傍自古有名。南北客經由，未有不憩此橋而題詠者。」則宋之前楓橋道旁，舟楫來往，行旅停泊，亦是騷人墨客休憩題詠之處。再者《吳郡志》卷三十三云寒山寺：「普明禪院即楓橋寺也。在吳縣西十里，舊楓橋妙利普明塔院也。」則楓橋亦可解為寺名。唐人張繼所泊，當指閶門外始建於唐代的楓橋鎮寒山寺一帶，而非專指一橋而已。

尤其是明・王鏊所撰《姑蘇志》卷十九引《豹隱紀談》云：「舊作封橋，後因張繼詩相承作楓，今天平寺藏經多唐人書，背有封橋常住字。」若《豹隱紀談》所言可信，則當時寒山寺前應是封橋。江楓自是眼前景，並非橋名合稱。

《吳郡志》所錄詩有「晚泊橋邊寺」、「烏啼月落橋邊寺」，若此書所錄之詩可信，則宋人以前之楓橋應在寒山寺邊，而今楓橋離寺尚有一段路程，反而江村橋所在位置正是寒山寺前。再查《吳郡志》所謂：「今圖籍所載者三百五十九橋。」其中並無江村橋之名，或許宋以後才有江村橋之建構，而今此橋正是原先楓橋所在。

據上述之見，若愎於今日見有江、楓二橋於寒山寺外，無視張繼為詩之時並無江、楓二橋，而欲將張繼「江楓漁火」解為：泊船於江村橋、楓橋之間。有識者，恐難相信！

原載於《國文天地》第134期
民國85年7月，頁40～41

詩韻鐘聲話楓橋

欒梅健

帶走一盞漁火
讓它溫暖我的雙眼
留下一段真情
讓它停泊在楓橋邊
……

當遊人剛從車上下來、還沒來得及踏上那聞名千古的蘇州寒山寺門檻時，這首近幾年在大陸紅極一時的歌曲〈濤聲依舊〉便會飄到你的耳畔。據詞曲者所言，他是因欣賞唐代詩人張繼〈楓橋夜泊〉中的優美意境，而尋思用音樂的形式來化解這首古典名詩的，沒想到偶一嘗試便取得了如此的成功。這一方面自然少不了詞曲者的獨到匠心，但

◎位於楓橋與江村橋之間的「楓橋夜泊處」。

〈楓橋夜泊〉本身所秉有的藝術底蘊可能也起了相當重要的感召作用。

月落烏啼霜滿天，
江楓漁火對愁眠。
姑蘇城外寒山寺，
夜半鐘聲到客船。

這首〈楓橋夜泊〉不論是押韻、對偶、平仄，還是意境、情調、人物，抑或是動態的人物內心與靜態的風景造型，都堪稱中國古典詩歌中難得的傑作。無怪乎，從唐至今一千餘年的歲月中，儘管世事盛衰、歲月滄桑，但

為因應遊客對鐘聲的嚮往而建的「鐘樓」，付費後可上樓撞鐘。

可以肯定的是每個朝代都有很多人能夠背誦它、喜歡它，甚至為之驅動而專程來踏訪它。

遠在宋代，唐宋八大家之一的歐陽修在品賞、讚嘆之餘，忽然似有所悟，認為「三更不是打鐘時」，想在「夜半鐘聲」這一句中挑出一絲毛病。由於歐陽修特殊的身份，弟子、追隨者不計其數，於是紛紛然覺得「夜半鐘聲」乃是張繼為造意境而虛設，與現實有些不符。但不久，宋人葉夢得親自登寺聆聽，才知「今吳中山寺實以夜半打鐘」，一時誤解全消。但不論何人，他們對〈楓橋夜泊〉的摯愛則是同一。到了現代，前幾年幾位古典文學教授去寒山寺遊玩，見寺前有一橋名江村橋，隔不遠又有一橋名楓橋，於是覺得「江楓漁火對愁眠」一句中的「江楓」似應作江村橋與楓橋講，幾位教授經實地觀察，均覺真實可信，一時形成共識。後不久一位台灣學者來寒山寺觀光，筆者與他談起此事，他覺得有理，於是回台灣後便在報上發表文章，把那種「江邊的楓樹」的傳統注解批了個體無完膚，由此也引出了與幾位沒來過蘇州楓橋的老先生的筆戰。

至於寒山寺，相傳為唐代高僧寒山、拾得曾留居於此，故而得名。從建寺時間看，並不算古，然而山不在高有仙則名，自從張繼這首〈楓橋夜泊〉流傳以來，歷代名人、文士紛至沓來。現在寺中有岳飛、唐寅、康有為等人的墨跡石刻，有宋人所書《金剛經》石刻，還有數十方歷代題詠寒山寺的碑刻。其中最著名的為宋代詩刻碑。此碑原為明代文徵明所書，後經俞樾補書重刻，筆法蒼勁，令人讚嘆。真是詩由寺來，寺由詩興，寒山寺因而與楓橋的優美意境融為一體，借千古絕唱而名揚中外。文學神力可見一斑。

這種神力竟然還打動了日本人。不僅日本的小學教科書中選用了〈楓橋夜泊〉，婦孺皆能背誦，而且日本人還把到蘇州寒山寺參拜聽鐘當作了一樁極為神聖的大事。有一學者曾不解地問道：「張繼詩中的鐘聲原本只是哀聲愁影，為何日本人把它作為吉祥幸福的象徵呢？」或許由於文化背景的差異吧？我們真不懂日本人緣何如此理解寒山寺的鐘聲。但日本人迷戀寒山寺鐘聲則是事實。在本世紀三十年代，日本軍人侵佔蘇州之後，竟偷偷將寒山寺鐘運到日本便是明證。現在日本人士募鑄的唐式青銅乳頭鐘已經運歸，懸掛在大殿左側，供人們觀賞。而到每年除夕午夜，數以千計的日本人會專程趕來，聆聽那悠揚悲壯、據說能帶來好運的一百零八下鐘聲。

一千年過去了，寒山寺的香火綿延不絕。最近，毀於戰火的唐式七層寶塔已經建成，寒山寺南側的寒山別院也已對遊客開放。至於那條連接江村橋與楓橋的碎石子小街已經翻造完畢，建起了具有濃郁明清風格的江南建築，連那俞樾所書的刻碑也已被店主拓印下來，在工藝店的面前迎風飄舞。只要人們還使用文字，人們便會對〈楓橋夜泊〉精美的文字搭配嘆為觀止；只要還有人存在，人們便會得〈楓橋夜泊〉的情景蕩氣迴腸、沁人心脾。詩韻、鐘聲、愁情、別緒……一接近楓橋，一踏進寒山寺，你總忘不了那首詩，那分古典與現代的情感：

月落烏啼
總是千年的風霜
濤聲依舊

不見當初的夜晚
今天的你我
怎樣重複昨天的故事
這一張舊船票
能否登上你的客船……

詩歌不可複述，但情感可以永恆——楓橋正在此得以永生，並讓人們記住了那位在唐代叫做張繼的詩人。

原載於《國文天地》第130期
民國85年3月，頁42～45

「江楓」不是楓樹嗎？

傅武光

十二月十五日中副長河版刊載楊振良先生「張繼『楓橋夜泊』別解」一文，以親身經歷為讀者提供新的解說，確實很有貢獻。我也到過寒山寺，乍觀寒山寺附近的景觀時，也和楊先生一樣，對「楓橋夜泊」一詩有「恍然大悟」的感覺，願在此把我所了解的詩意提出來，作為楊先生鴻文的補充。

楊先生鴻文最大的貢獻，在告訴讀者「張繼就在寒山寺旁寫這首詩，他人並不在姑蘇城內。」因此最後兩句不能解為「遠處姑蘇城外寒山寺的鐘聲，在寂靜夜裏傳到我的船上。」這一點可以一掃所有望文生義而「自圓其說」的說法。

楊先生又因寒山寺前有楓橋和江村橋，而認為「所謂的『江楓漁火』原指的當是那晚『江村橋』與『楓橋』間的漁燈，而不該是楓樹。」這一點，雖然提供了新資料，但詩意的解說，恐怕還是見仁見智的問題。楊先生用「當是」來表示自己的看法，可謂相當謹慎。我想藉此提出我的看法，我認為「江楓」仍然「當是」「江畔的楓樹」，理由有五：

第一，「江楓漁火」解為「江畔的楓樹，漁舟的火光」，是修辭上「對偶」格的「句中對」，就是以「江楓」和「漁火」兩個「詞組」相對，有對襯、平衡之美，意象比較繁富。解為「江村橋與楓樹間的漁燈」，就變成只有一個「詞組」，只形容了一個漁燈，意象單薄。

第二，「江畔的楓樹」意境空靈，而「江村橋與楓樹」則顯得質實。這是因為楓樹有豐富的象徵意義，而「江村橋和楓橋」則都是「石質所造」，很難有空靈的聯想。楓樹在秋天（正是「楓橋夜泊」的季節），葉子變紅，給人複雜而深刻的感受。韋應物詩：「坐厭淮南守，秋山紅樹多。」董西廂：「莫道男兒心似鐵，君不見滿川紅葉，盡是離人眼中血。」顯然紅葉有刺激鄉愁和離情的作用。張繼的江楓，應當是這層意思，詩意才更豐富。

第三，張繼當時寒山寺前不管有沒有楓樹，都無礙於作者對楓樹的取材。因為既然有楓橋，就可以有楓樹的聯想。何況按照一般地名或水名、橋名的命名通則，楓橋應是因楓樹而得名才是。宋尤袤有「楓橋植楓記」，或許南宋初楓橋已無楓樹，故重種之；今宋人所種又已不復可見，則不能遽斷張繼時代必無楓樹。至今寒山寺內還有「楓紅第一樓」的名勝古跡呢！

第四，楓橋確定唐代已有，杜牧詩：「長州茂苑草蕭蕭，募暮秋雨過楓橋。」可以為證。江村橋則我自己尚未有資料，無法確知。但就實地了解，今日楓橋與寒山寺同岸的橋端有古城樓，傍水而建，穿過城門，便上楓橋。此古城樓未知建於何時，但可知楓橋向來較受重視。張繼既以「楓橋夜泊」為題，則當時縱有江村橋，他也應是把船停泊在較靠近楓橋的地方。如果「江楓」指兩座橋，應作「楓江」比較合理。

第五，寒山前的水道是大運河的支流，與大運河呈「丁」字形相會。從江村橋到楓橋約有二百公尺。從楓橋到大運河則只有幾十公尺。這些大小水道都可以泛稱為江，要不然又何以取名江村橋呢？而且中興閒氣集所收張繼此詩，題目正是「夜泊松江」！所以不能說「寒山寺前並沒有一條『江』」，因而否定「江畔的楓樹」的說法。

以上五點，前三點是從文學的角度來談，所以放在前面；後兩點則是從實地經歷來推，可以作為前三點的依據。

下面，我想試為這首詩，提出我的領悟。首先，我認為：文學的語言有別於科學的語言。詩是最精緻的文學語言，如果用科學的觀念來解說，就很難切入作者的詩心。記得高三時上物理課講到「聲學」的部分，課本裏引了這首詩，課文對「姑蘇城外寒山寺」為什麼「夜半鐘聲到客船」特別作了一番解說，大意是：夜半時分萬籟俱寂，沒有雜音的干擾，所以寒山寺鐘聲的聲波就毫無阻礙地傳到客船上來了。這一解說，時隔二十多年，記憶猶新，因為好好的一首詩，被解說得味同嚼臘。

其實這首詩的「詩眼」，應是末句「客船」的「客」字。張繼是湖北襄陽人，跑到江蘇的蘇州來，少說也離家幾千里；在古代走幾千里的路，少說也要十天半月，怎能不想家呢？所以詩情的發展是因羈旅作「客」而生「愁」（鄉愁），因愁而不能成眠，（所謂「對愁眠」實際是不眠），因為不眠，所以月亮落山，他看到了；烏鴉啼叫，他也聽到了；滿天的寒氣，他也感受到了；江畔的楓樹，漁舟的燈火，也在微茫的夜色中映入這位來自異鄉的愁人的眼簾；那寒山寺清亮的鐘聲，自然更是聲聲入耳了。

倘若這一夜張繼「呼聲甚高」，有人惡作劇把他抬到寒山寺裏，恐怕他都不覺呢！又那來「月落烏啼霜滿天」又那裏聽得到寺裏的鐘聲？所以整首詩都寫他不眠；不眠是因有愁；有愁是因客旅。總之，「作客思鄉」是這首詩的主調。

至於鐘聲是否有別的啟示，當然可以任由讀者去聯想。我的想法是，鐘聲本有警世的作用，寒山寺的鐘聲，在心事重重的人聽來，大概有如乍聽高僧所講的一段金剛經或六祖壇經吧。張繼此行，不知究竟為了何事？除非專程來此旅遊，否則不管是為了什麼，總有幾分身不由己的無奈，在這種心情下，乍聽鐘聲，或許張繼也會興起「長恨此身非我有，何時忘卻營營」的感慨吧？

畢竟這只是我個人的遐想，到底張繼悟到了什麼，誠如楊先生所言，「只有張繼來解這個鈴了」。

原載中央日報七九年一月十二日第十七版《長河》

張繼〈楓橋夜泊〉賞析

張高評

月落烏啼霜滿天，
江楓漁火對愁眠。
姑蘇城外寒山寺，
夜半鐘聲到客船。

張繼這首詩，主要在抒寫旅途上的孤單寂寞之感。處理這種熟爛的題材，能夠別出新裁，跳出窠臼，已經不容易了，何況做到意境清遠，情韻雋永？千年以來，楓橋、寒山寺、以及寒山寺的鐘聲，因這首詩而流傳，成為馳名中外的勝蹟。這首絕句能夠如此膾炙人口，流傳不朽，應得力於具有高超的藝術技巧，所以能造成強烈的藝術感染力，形成引人入勝，令人低迴的效果。

這首詩，以「愁」字為全詩的靈魂，採用白描的手法，將詩境中的景物，作遠近的秩序排列；同時透過寫景來抒情，達到情景交融的境界。其中佈景設色，鮮明而立體；結構設計，層深而意豐；實字密集，句健而意富；感官描繪，恍如身歷其境。現在就依據這些特色，分別賞析如下：

就形象的塑造來說，作者在本詩中密集使用了十二個名詞：月、烏、霜、天、江、楓、漁、火、姑蘇城、寒山寺、鐘聲、客船；能夠使讀者因此產生許多自由聯想的空間，藉著彼此間的交相映發，使得詩意豐富繁多，筆力凝煉壯建。這些景像在詩境中，有遠有近，有明有暗，有動有靜，而且有聲有色：首句寫天，是遠景；次句寫水，是近景；三句再寫遠景的城和寺，四句寫近處夜泊的客船，以及由遠而近傳來的鐘聲，空間的層次相當分明不紊。而且，就色彩的設計來說：落月與霜天，是冷色，江楓與漁火，是暖色；冷色遠在天邊，暖色近在眼前，分別安插在楓、橋、漁舟、山寺的昏暗氛圍裏，各自顯出或明或暗，或靜或動的形象，藉著兩者間強烈的對比，加深了「愁眠」的滋味。除了色彩外，作者又透過聲響來搖盪性靈，仗著這迢遞的寒山寺鐘聲的傳送，使得這位飄泊不定的孤單旅人，興起了無比虛空寥落的愁情。因為，「這鐘聲是愁客在聽，與常人所聽不同；獨自在聽，與眾人在聽不同；在秋夜時聽，與夏夜聽來不同；在靜寂時聽，與喧嘩時聽不同；更是從水上遠遠傳來，在水上聽的，與陸上聽的不同，聲音從遼闊的水上傳來比空中要快速得多，要寥亮動人得多。」（黃永武、張高評合著《唐詩三百首鑑賞》頁八一二，黎明）此情此景，詩人已感到旅愁的不堪，再加上烏鴉夜啼的淒清蒼涼，就倍增深夜旅愁的孤寂。

本詩主題，在抒寫旅人的愁思，並不直接正面表達，卻從烏啼鐘聲來陪襯「愁眠」；藉月落、霜天、江楓、漁火來烘托「孤寂」，這種「藉景抒情」的手法，既描繪了詩境中的景，也抒寫了詩人內心的情。作者安排，景中有情；讀者會心，觸景生情，如此則情景相生交融，寫景真，道情切，情景兼到，委婉多姿，最稱相得益彰。語云：「文出正面，詩出側面」，這句話是有道理的。

這首詩，在結構設計上，也有值得借鏡的地方：前兩句用十四個字描寫八種景象，密度極大，做到了以少勝多的凝煉效果。後兩句十四個字卻只寫一種景象：愁聽山寺鐘聲。前半精密，後半疏朗，疏密相間，氣勢相救，方能成為美妙的詩篇。如果前幅的文氣太謹嚴迫促，則後幅必須用鬆散舒緩的筆勢來調理；如果前幅的筆勢過於放縱自然，則後幅的文氣理當要求收斂莊重，如此，則氣清而意濃，有簡煉奇奧之致，又不失浩瀚流轉之美。詩詞如此，散文亦然。

這首絕妙好詩流傳到宋朝，歐陽修憑自己的常識去判斷，認為「句則佳矣，其如三更不是打鐘時！」認為這是「詩人貪求好句，而理有未通」所產生的語病（《六一詩話》）。其實《南史》上已載中宵鐘、三更鐘、夜半鐘之事；唐詩人皇甫冉、司空文明、王建、許渾、白居易、陳羽、溫庭筠等皆敘及夜半鐘聲（參考黃永武、張高評合著《唐詩三百首鑑賞》），可見張繼寫寒山寺的夜半鐘聲，是詩人的身歷其境，實聞實感，不是為文設景造情的虛構之作。生活的歷煉，才是文藝創作最可貴的泉源，張繼這首抒寫寒山寺夜半鐘聲的名詩，證明了這一點。

從浮生六記一窺沈三白的夫妻生活

蔡雲雀

《浮生六記》一書,典出李白〈春夜宴桃李園序〉文中所說「浮生若夢,為歡幾何」之句。體裁十分特別,以一自傳故事,兼談生活藝術、閒情逸趣、山水景色、文評藝評等。此書之所以能引人入勝,引起人們的同情,大概是得力於閨中記樂與坎坷記愁兩章。尤其是憂患餘生、哀樂備嘗的中年男女,更易引起共鳴。

沈氏夫婦,自乾隆四十五年(西元一七八〇年)結婚以來,至嘉慶八年(西元一八〇三年)止,大約做了二十三年夫妻。這二十三年的婚姻生活,可以乾隆六十年(西元一七九五年)作一分界線。因為此年正是陳芸跟憨園相見,結拜姐妹,竭力撮合憨園來歸沈氏的一年,也是陳芸血疾重發的前一年,閨房記樂,也以本年告終。

若以閨房記樂的記事來看,真正享受家庭生活樂趣的,也只是結婚的第一年,與寄居在蕭爽樓的一年半,一共兩年半。但這兩年半的相守,過得極為甜蜜。陳芸在坎坷生活中，不怨天不尤人，反覺得他們短暫的婚姻生活，太過甜蜜快樂，以干物忌。而陳芸所要求的物質生活，不過布衣煖、菜飯飽這種基本物質生活而已。

芸娘的一生，正可引用蘇東坡的詩句說：「事如春夢了無痕」，她飽嘗過閨房之樂與坎坷之愁，從《浮生六記》一書中，我們在這兩個互信互賴的夫婦的簡樸生活中，看他們窮困潦倒，遭不如意事的折磨，受奸佞小人的欺負，同時一意求享浮生半日閒的清福，卻又怕遭神明的忌，在這些故事中，我們彷彿看到中國處世哲學的精神在兩位恰巧成為夫婦的生平上表現出來，兩位平常的雅人，在世上並沒有特殊的建樹，只是欣賞宇宙間的良辰美景、山林泉石，同幾位知心朋友過他們恬淡自適的生活，蹭蹬不遂，而仍不改其樂，他們的胸懷清逸曠達，淡泊名利，與世無爭。

由於芸娘是識字的媳婦，所以她得替婆婆寫信給在外想要娶妾的公公，而最妙的是她見了一位歌妓—憨園，竟被著迷得發痴，暗中替自己的丈夫沈復撮合娶為偏房，後來憨園為強者所奪，因而生起大病，從這地方，我們看見芸娘唯美思想與現實衝突，這衝突在她於神誕之夜，改扮男裝，赴會觀花燈，也可略見端倪。

沈氏夫婦的家庭生活，以悲劇收場，這是無可置疑的。試看沈氏在婚後，仍在習幕，隨侍其父的階段，直到三十歲以後，經濟仍舊不能自立，要仰仗大家庭以蔽風雨，到二次見逐，無以為生，終於走上悲劇的頂端。

實際上說來，沈復的家庭，還夠不上說是一個大家庭。沈氏兄弟二人，沈父長年游幕在外，在家的只是沈母及兩子兩婦，一共五個主要的成員而已。沈母也並不是〈孔雀東南飛〉的焦母、〈釵頭鳳〉陸母這一類型的人物。所以沈氏夫婦在家中失歡父母，處不下去的主要人物，實在是沈弟啟堂夫婦。沈復的個性，據他自己在坎坷記愁中說：「一生坦直，胸無穢念。」所以《浮生六記》中，記樂則率直曠放，樂而不淫；記愁則豁達溫厚，不怨天尤人。

原載於《國文天地》第141期
民國86年2月，頁60～61

不慣嬉戲的靡先生

——《四十自述》與胡適的幼年時代

李梁淑

胡適（西元一八九一——一九六二年）是現代中國提倡傳記文學最力的人，他深感中國最缺乏的就是傳記文學，因此到處勸老朋友寫自傳，《四十自述》正是他「傳記熱」的一個小小表現。「自傳」意即「自述生平之作」，自傳通常又被稱為「自述」或「回憶錄」，《四十自述》就是胡適在不惑之年所寫的回憶錄。《四十自述》從兒時敘述到十九歲考取官費出國留學為止，誠如他自己所說：「四十歲寫兒童時代，五十歲寫留學時代到壯年時代，六十歲寫中年時代」。不料事與願違，《四十自述》竟成了胡適眾多著作中，唯一的自傳性文字，也是他的第一本、和最後一本自傳——《四十自述》之後，胡適終於因為紛亂的國事而沒有心緒續作。

胡適幼年時代的生活和母親是分不開的，母親的愛和教誨貫串了他的童年生活，母親的含辛茹苦又深深影響了胡適一生。這使得提倡自傳文學、嘗試以小說體裁寫作自傳的胡適，有了以「我的父母的結婚」作為序幕的構想。然而胡適來到這個世界之前的母親的訂婚，是來不及目睹的，只好巧妙地以小說的體例記下這段帶有傳說意味的生活。等到敘述到自己生平時，卻因為受過史學的訓練，不知不覺又回到了散文的體裁，在平實的敘述中，時時流露著真情。

一、短暫的團居生活

彷佛是前世注定的姻緣，那一年，胡適的母親馮順弟女士只有十七歲，卻嫁給了一個比自己大三十歲的男人做填房，這位四十七歲的男人就是績溪上莊有威望的胡傳先生，人人喚他做「三先生」。

在一次家鄉的太子會中，馮順弟聽見鄉人說話句句總帶著「三先生」，人人都畏懼「三先生」，聽說「三先生」要回鄉了，鄉人就不敢演花旦戲，不敢扮冶豔的角色，鴉片煙館和賭場也紛紛關門停止營業。終於，馮順弟在人群中親眼瞧見了那位面容紫黑、兩眼威光的先生，當她知道向自己提親的對象是三先生時，心裡不禁想著：「三先生是個好人，人人都敬重他，只有開賭場煙館的人怕他恨他……」，這打從心底的佩服讓她心中下了主意，加上給人家做塡房的豐厚聘金正足以資助父母，分擔父母的辛勞，馮順弟因著這份執著的孝心嫁給了胡傳先生。

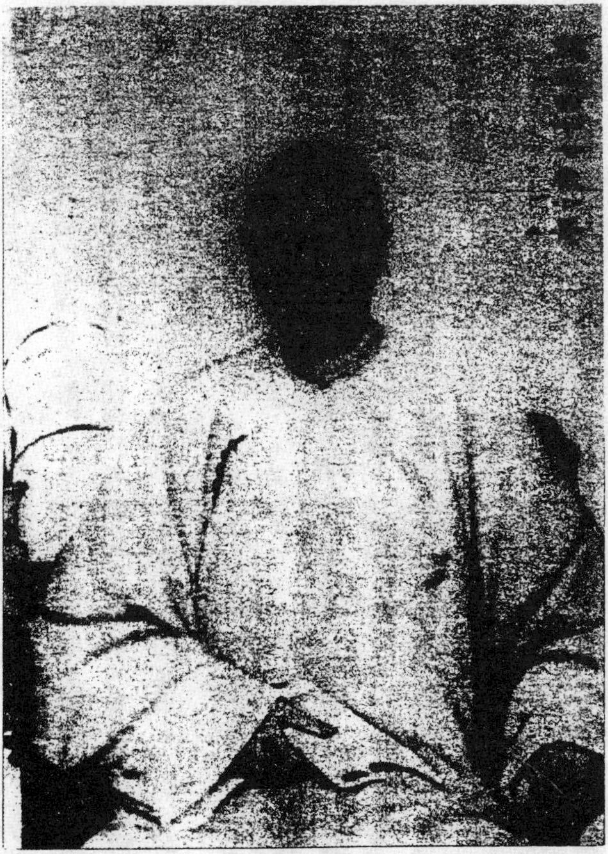

◎開鴉片煙館賭場的人一聽外號「三先生」的胡傳要回來，紛紛停止營業。

可是馮順弟畢竟只有十七歲，她成了一堆孩子的後母——他的前妻留下了三個兒子、三個女兒，他們的年齡幾乎都比她大好幾歲。在這樣一個大家庭裡，她的處境、地位自然是痛苦的。所幸不久父親就帶著他們母子脫離了大家庭的生活，到上海同住了。

這三人團居的生活是脫離了大家庭糾葛的快樂生活，隨著胡傳先生飄泊不定的仕宦生涯，胡適母子先後在台灣住過好幾個地方。父親的離去使得短暫的三人團居生活成了最可貴的回憶。那段日子不過維持了三年左右，卻充滿了快樂和幸福，胡適回憶道：

> 我父又很愛她，每日在百忙中教她認字讀書，這幾年的生活是很快樂的。我小時也很得我父親鍾愛，不滿三歲時，他就把教我母親的紅紙方字教我認。父親作教師，母親便在旁作助教。我認的是生字，她便借此溫她的熟字。他太忙時，她就是代理教師。我們離開臺灣時，她認得了近千字，我也認了七百多字。這些方字都是我父親親手寫的楷字，我母親終身保存著，因為這些方塊紅箋上都是我們三個人的最神聖的團居生活的紀念。

這些紅紙方字裡，不知記錄了多少的幸福和愛，不幸的是，台島烽煙四起，這個能照管他一生的丈夫在她二十三歲時去世了，紅紙方字成了三人幸福生活的唯一見證，胡適的母親將它永遠珍藏著。

胡傳留給這對孤兒寡母的只有寥寥幾句遺言。在臨死前兩個多月，寫了幾張遺囑，給母親的遺囑上說「穈兒天資頗聰明，應該令他讀書」，給胡適的遺囑也勉勵他努力讀

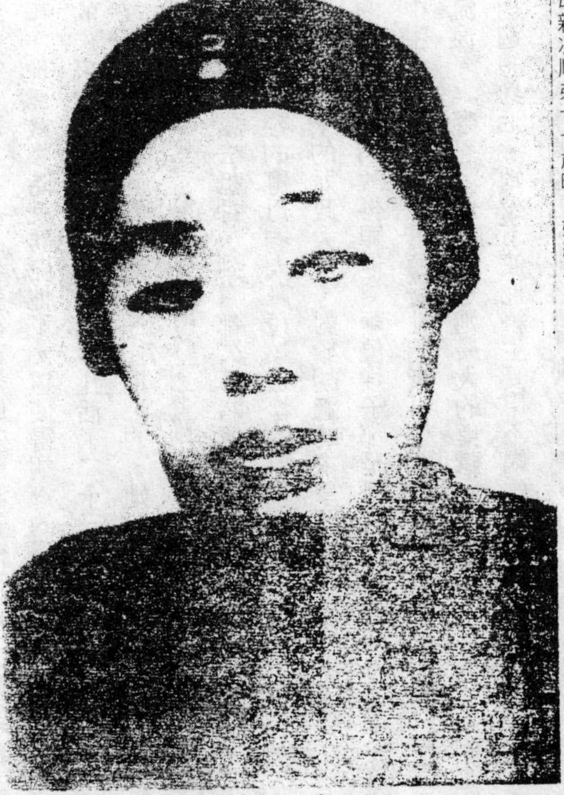

◎胡適的母親馮順弟十七歲時，嫁給年已四十七歲的胡傳。

書上進，這幾句話深印在胡適母子的心中。父親雖已長逝，母親遵照著父親的遺囑，在胡適三歲多時就將他送進書塾讀書，念的是父親生前親自替胡適編寫的教科書，第一部是四言韻文的《學為人詩》，講的是做人的道理，第二部是《原學》，講的是哲理，由此可見他對胡適的愛心和期望了。

二、悲歡歲月裡的期待

俗話說：「望子成龍，望女成鳳」。在傳

統家庭制度裡，子女打從出生就被寄予厚望，希望他有朝一日功成名就、光大門楣。胡適的父親在他三歲多時就離開他了，這使得胡適的母親將全副的希望寄託在胡適「渺茫不可知的未來」，這一希望，使她掙扎活了二十三年！

這二十三年大家庭的生活是掙扎過來的，她的苦痛是難以形容的，即使是胡適的筆也寫不出萬分之一、二的。家中財政本不寬裕，大哥從小就是敗家子，吸鴉片煙、賭博，輸光了錢就拿家當去抵押，到處都欠下賭債，過年債主上門討債時，卻早已溜得不知去向，全由這位年輕的寡母一人應付，這樣的新年胡適一共過了六、七次。

二哥掌管全家的財政大權，對於胡適的求學問題，他只以「哼」一聲表示不屑，為了胡適的將來，她不敢得罪他；兩位嫂子都是只會爭吵的女人，家中幾無寧日。她既要面對家中生氣的臉孔，又得聽著她們無事生非的爭吵，對此，她只能儘量忍耐，背著家人偷偷流淚。「容忍」似乎就是她最大的稟賦，就這樣，她含辛茹苦地扶養胡適長大成人，在胡適的身上，她投下使他終生受用不竭的資本：為學與做人。

在胡適的求學問題上，她恪守胡傳的叮囑，從台灣歸來，就抱著三歲多的胡適入學拜師讀書了。當時每個學生一年只送兩塊銀元的學費，望子成龍心切的母親，第一年就給了六塊，以後每年增加，最後加到一年十二塊，並要求老師向胡適講解書本的意思，享受別的孩子所沒有的優厚待遇。

她不但渴望胡適讀書，給他最好的學習環境，更經常對胡適施以晨訓，對他說惟有行為好，學業科考成功，才能使他們兩老增光，又說她所受的種種苦楚，得以由胡適勤敏讀書來酬償。在這番殷切的期勉之下，她甚至鼓勵胡適拜孔子廟的孩子氣行為，暗信孔子的神靈能幫助他成為有名的學者，並在科舉考試中成為一個及第的士子。

◎胡適啟蒙很早，八歲時就能自己讀書了。

除了讀書求學之外，在做人的訓練方面，胡適的母親是以父親的人格和道德事業為訓勉的：

> 每天天剛亮時，我母親就把我喊醒，叫我披衣坐起。我從不知道她醒來坐了多久了。她看我清醒了，才對我說昨天做錯了什麼事，說錯了什麼

話……有時候她對我說父親的種種好處，她說：「你總要踏上你老子的腳步，我一生只曉得這個完全的人，你要學他，不要跌他的股」。她說到傷心處，往往流下淚來。到天明時，她才把我的衣服穿好，催我去上早學。

這一番早已為人所熟知的晨訓，訴說的是一個令人欽佩的典範，在母親的耳提面命下濡染著胡適的人格，造就了日後的胡適。尤其，母親並沒有因為胡適是獨子而特別溺愛，反而是實行嚴厲的管教和責罰：

我母親管束我最嚴，她是慈母兼任嚴父。但她從來不在別人面前罵我一句，打我一下。我做錯了事，她只對我一望，我看見了她的嚴厲眼光，就嚇住了。犯的事小，她等到第二天早晨我眼醒時才教訓我。犯的事大，她等到晚上人靜時，關了房門。先責備我，然後行罰，或罰跪，或擰我的肉。無論怎樣重罰，總不許我哭出聲音來。她教訓兒子不是借此出氣叫別人聽的。

這樣的生活，胡適是印象深刻的，他清楚地知道，自己是母親二十幾年守寡生活的唯一期待和慰藉，唯有道德學問事業的成功，才是對母親的含辛茹苦的養育之恩、多年來苦痛生活的最大報酬，這些道理胡適是了然於心、時刻不敢忘懷的。

終於，胡適並沒有讓這位寡母失望，在二十七歲時，胡適當了全國最高學府——北京大學的教授，蜚聲文壇，她結束了自己掙扎了二十三年的坎坷歲月，瞑目長眠！

三、不慣嬉戲的麋先生

胡適原名洪騂，字「嗣麋」，家人叫他「麋兒」。童年的胡適因為體弱多病，不能跟著野蠻的孩子們一塊兒玩，加上母親也不准他亂蹦亂跳地到處玩，所以無論到那裡，總是文謅謅的，絲毫沒有活潑的氣息，像個先生樣子，家鄉老輩給他起了「麋先生」的外號。這個綽號傳出去後，人人都知道三先生的小兒子像個先生，是塊讀書的料！這樣一來，胡適更不能不裝出點「先生」樣子了。在大人們鼓勵裝先生樣子，又沒有嬉戲習慣的情況下，少年的胡適表現出「少年老成」，一生可算是不曾享過兒童遊戲的生活。

鄉人長輩加諸身上的「麋先生」稱號，使得胡適喪失了當頑童的機會。雖然他偶爾也和其他小孩一塊玩著擲銅錢的遊戲，但仍覺得大失了「先生」的身分，而和孩子們一起扮戲時，也只是挑諸葛亮、劉備一類的文角來演，終究沒有像一般兒童活蹦亂跳地四處「野」。

由於母親的嚴厲管教，胡適不但喪失了兒童遊戲的機會，也喪失許多學習才藝的機會。當他回憶童年往事，不禁遺憾沒能在太子會中加入崑腔隊學習吹笙或吹笛，使他喪失了學習音樂的機會；課堂上，胡適經常用竹紙蒙在書本上摹畫英雄美人的肖像，這一興趣也遭到了學堂先生的扼止，使他又喪失了當畫家的機會。

對胡適來說，似乎只有與讀書有關的遊戲才被允許。他曾羨慕別人用紙紮了孔子廟來謨拜，回家後也如法炮製，母親對這拜孔子廟的行為表示欣喜，甚至提供香爐讓胡適焚香謨拜，她深信這對於胡適成為一個學者、科考及第是有幫助的。

少年老成的胡適在讀書這件事上卻毫不遜色，在母親的督促和教育使他從小就不覺得讀書是件苦差事，而是一件令人喜歡的事。早在他進家塾時就已識得近千字的國字，不需要再唸《三字經》、《百家姓》、《千字文》一類識字課本，而是父親親自編寫的文言文教科書《學為人詩》和《原學》。

這兩部教科書，在母親額外優厚的學金下，經由書塾先生一一地講解給胡適聽。胡適一生最得力的就是講書，這不得不歸功於母親的恩惠。起先胡適總不明白為何同伴總愛逃學、賴學，情願挨打也不願讀書，直到有一天才發現，是母親增加學金的恩惠，造就他的知識學問向前邁進了一大步。其他的學童，則因為給先生的學金太少，並未得到講書的恩惠，先生又不肯耐心教書，只會教孩童唸死書、背死書，而所讀的又是《幼學瓊林》、《四書》一類難懂的「聖賢之書」，自然沒有趣味而紛紛想賴學了。

由於胡適啟蒙甚早，因而早在未滿八歲時，胡適就能自己讀書了，隨著他與日俱增的求知欲，原有的教科書已不能滿足他的需求了。在分內的書讀完時，朱子《小學》中所記古人行事，以及《幼學瓊林》中註釋的神話和故事，深深吸引了胡適的關注。終於，胡適在傳統的教育外，又找到了另一片天地：

當我九歲時，有一天我在四叔家東邊小屋裡玩耍。……偶然看見桌子下一隻美孚煤油皮箱裡的廢紙堆中露出一本破書。……這一本破書忽然為我開闢了一個新天地，忽然在我的兒童生活史上打開了一個新鮮的世界！

這本殘破的書就是第五才子書——《水滸傳》，自此胡適不斷地借小說看、收藏小說，滿足他那迥異於常人的求知欲。舉凡《三國演義》、《七劍十三俠》、《雙珠鳳》、《紅樓夢》、《儒林外史》、《聊齋誌異》、《夜雨秋燈錄》、《夜譚隨錄》等白話、文言筆記小說盡收眼底，他將自己所看過的小說都記在一個本子上，最後竟然累積到三、四十種之多了。小說讀得多了，竟能代替講笑話（說故事）的五叔說故事給本家姊妹聽，成了受人巴結的說書人。此時的胡適還不滿十二歲，閱讀小說給胡適的白話文做了很好的訓練，為以後的白話文運動奠定了基礎。

即使不習慣活潑的遊戲，卻早已在傳統教育的學習外找到自己的天空——閱讀故事、神話傳說和大量的小說，並且讀出了樂趣，儼然以充當一位說書先生為榮，雖然所得的代價不過是炒飯、泡炒米一類孩子的玩意，卻令小小年紀的他有了莫名的欣喜。這樣的環境促使他比別人更早體會到讀書的樂趣，竟也注定了他一生的樂趣。

四、母愛與信仰的衝突

胡適的父親胡傳先生深受程朱理學的影響，在家門上貼著「僧道無緣」的招牌。父親早逝，來不及影響胡適，但理學家的遺風卻因著家族而流傳下來——四叔教胡適唸的朱子《小學》就是理學家的思想。記憶中，「僧道無緣」的門牌隨著父親的逝去而逐漸由紅轉白，最後完全剝落了，於是家中女眷便不再受拘束而自由拜神佛了。

母親是個拜神信佛虔誠的人，她經常到各地的寺廟去燒香還願，並曾經將胡適許為菩薩座下的弟子，甚至不顧纏足行走所帶來的疼痛，三步一拜，九步一叩地到廟裡還願——當然，這一切都是為了體弱多病的兒子，一切都是愛子心切！

在家中女眷一片信佛的氣氛下，胡適可說是自小就聽慣了佛教因果報應的教訓，隨著家中女眷的信神拜佛，胡適從星五伯娘那兒接觸到《玉歷鈔傳》、《妙莊王經》一類描寫地獄景象的善書，加上戲台上演的「目蓮救母」、「觀音娘娘出家」之戲，竟使胡適幼小的心靈充滿地獄中慘酷可怖的景象。這種恐懼，直到有一天點讀朱子的《小學》，唸到了司馬溫公的家訓，其中有論地獄的話：「形既朽滅，神亦飄散，雖有剉燒舂磨，亦無所施」，自此開始懷疑死後地獄審判的觀念。直到後來，胡適看到司馬光《資治通鑑》中所引范縝的《神滅論》，才徹底解放了心中因果輪迴的教訓，成為一個無神論者。

所謂的無神論者，便不能虔誠拜佛，並且是主張打倒偶像的，如此一來便和母親的信仰背道而馳了，然而在母親面前，胡適始終不敢說出不信鬼神的話，母親要他去燒香拜神、祭拜祖先，雖然滿心的不願意，也不敢讓母親知道，因為他不願傷害了母親為了他而信神的誠心，這是中國孩子的孝順！

然而這種心理上的激變是無法長期壓抑的，一旦母親不在面前時，胡適不免流露出打倒偶像的意圖來。在正月拜年回家的路上，胡適提議將廟裡的泥菩薩丟到茅廁裡去，嚇壞了同行的兄弟；酒後一陣「月亮，月亮，下來看燈」的亂叫，在篤信民間信仰的人看來實在大大的不敬，這一連串反常的行為，使大家相信是觸怒了神道所致。

像一個做了壞事、擔心責罰的小孩一樣，為了逃避母親的責罰，胡適忽然心生一計，想道：「我胡鬧，母親要打我；菩薩胡鬧，她不會責怪菩薩」，於是就假裝菩薩附身地繼續亂喊，鬧得更兇。然而「知子莫若母」，這可笑的行為終究敵不過母親的眼睛，第二天母親就教訓了他一頓，說他不應該在神道面前瞎說，一個月之後胡適受到了更難為情的責罰，被虔誠的舅母帶去三門亭裡，恭恭敬敬地擺好供品，點起香燭，逼著他一起跪拜謝神還願。

拜神是母親個人的信仰，但她大多時候的出發點是為了兒子的健康福祉著想，為此胡適的內心是矛盾衝突的，基於孝順的考慮，他不願意違拗母親的意願，傷了愛他的母親的心。然而隨著自我成長意識的提高，卻也不願意違背自己的思想、違背誠心拜佛的原則，去做形式上的敷衍，終於在精神較恍惚的狀態下流露了自己想法和行為。

五、迎向茫茫人海

胡適十四歲就離開了他的母親，前往上海求學。在廣漠的人海裡，變遷的時局裡，他有那麼多的挑戰要去面對，那麼多的理想要去實現，因此，當他迎向自己的未來時，是匆匆地離去的。

在上海求學的過程裡，胡適先後進梅溪學堂、澄衷學堂求學，接觸了新思想，自命為「新人物」，尚未畢業，又考進中國公學，擔任《競業旬報》撰稿人，在偶然的機會裡，接觸了中國古典詩詞，開始填詩作詞，漸漸有了「少年詩人」之名，甚至一度擔任中國新公學的英文教員，少年的胡適可謂風雲一時。不料教員生活做不了多久，中國公學因校音章問題內訌，遭到解散的命運，此時的家庭也到了分崩離析、破敗的地步，母親又病倒，在求學、謀生兩茫茫的時候，胡適因著浪漫的朋友而墮入了深淵，迷失在上海十里洋場裡。

在這憂愁煩悶的當兒，他學會了喝酒、打牌、叫局、吃花酒。曾有一次喝醉酒和人打架，被送到巡捕房裡過了一夜。夜深人靜酒醒後，看著自己臉上的汚泥和傷痕，故鄉和母親的身影清晰了起來，深深覺得如此荒唐的行為對不起在故鄉望子成龍的母親。

畢竟，故鄉是他生長的地方，在困頓時難免想起了故鄉的一切，那段艱辛的生活印象太深刻了，孤兒寡母共同奮鬥、相依為命的生活使他重拾勇氣，面對未來！

爾後，當他在四十而立之年回憶起這段放蕩日子時，總也不免深情無限地喟嘆：

> 我就這樣出門去了，向那不可知的人海裡，去尋求我自己的教育和生活，孤零零的一個小孩子，所有的防身之具只是一個慈母的愛，一點點用功的習慣，和一點點懷疑的傾向。

原載於《國文天地》第144期
民國86年5月，頁110～118

第三冊

啞啞思親曲·苦苦勸世歌

——白居易〈慈烏夜啼〉賞析

連文萍

慈烏失其母，啞啞吐哀音。晝夜不飛去，經年守故林。
夜夜夜半啼，聞者為沾襟；聲中如告訴，未盡反哺心。
百鳥豈無母，爾獨哀怨深？應是母慈重，使爾悲不任。
昔有吳起者，母歿喪不臨。嗟哉斯徒輩，其心不如禽！
慈烏復慈烏，鳥中之曾參。

人世間最真摯永恒的情感，應是父母給子女的愛，它是無怨無悔，無須回報也沒有終止。西方諺語說：「上帝不能照顧每一個人，所以創造了母親」，同樣的，上帝不能

白居易在〈慈烏夜啼〉中以曾參為孝順的代表，就是「二十四孝」中「嚙指痛心」的故事。

照顧萬物，所以，萬物也都有父母，不論親鳥哺育幼雛或猿猴懷抱稚子，都是一幅幅感人的慈親圖。

白居易是中唐著名的社會詩人，他的詩明白如話，淺顯易懂，元稹為他的詩集作序，曾說其詩「觀寺、郵堠、牆壁之上無不書，王公、妾婦、牛童、馬走之口無不道」，廣為社會各階層所歡迎。白居易的詩集中，諷喻詩佔了四卷，共有一百七十三首，上以建言朝廷，下以教化百姓，以儒者濟世的襟懷，藉詩歌誠懇道來，影響極為深遠，〈慈烏夜啼〉正是其中廣為傳誦的一首。

本詩是元和六年白居易喪母守制家居時的作品，可分作兩個段落：自「慈烏失其母」以下十二句為首段，由正面敘述慈烏的孝親，其中每四句又各成一個單位，「慈烏思其母」以下四句，以明起法將詩題托出，說明慈烏喪母，日夜啼叫，引起詩人的感動；「夜夜夜半啼」以下四句，緊扣「夜啼」二字，猜測慈烏啼聲中的意義；「百鳥豈無母」以下四句，則以問答方式，進一步確定慈烏夜啼的原因。自「昔有吳起者」以下六句為第二段，以慈烏孝親和吳起棄親不顧為對比，引出議論，並經由對慈烏的頌揚，暗示出本詩呼籲世人重視孝道，而孝親須及時的真正意旨。章法連環緊扣，一氣呵成。

本詩是五言古詩，押侵韻——音、林、襟、心、深、任、臨、禽、參，一韻到底。侵韻齒音，清厲悠長，響度不大，適合表達哀愁，所以全詩能瀰漫哀傷的氣氛，像杜甫的〈春望〉、〈蜀相〉、〈登樓〉諸詩也都是用侵韻字為韻脚，營造悲涼情調。本詩在字句方面，充分顯示出古詩樸實無華的特色，看似自然天成，實則頗具匠心，如「夜夜夜半啼」一句，突破詩中並不複出的忌諱，「夜夜」承前句「晝夜」、「經年」而來，說明每個晚上都如此；「夜半」再強調是夜晚的半夜時分，萬籟俱寂，慈烏獨無眠思母，這一句使慈烏的思親特別顯得綿長深刻，震撼人心。又如「百鳥豈無母，爾獨哀怨深」

句，則針對禽鳥啼叫聲的差異加以發揮：百鳥不論歡喜或悲切，啼聲永遠流囀清麗，慈烏叫聲啞啞，則有哀怨的情味。「慈烏復慈烏」句，是古詩常用的句法，如〈木蘭詩〉：「唧唧復唧唧，木蘭當戶織」，這兒強調對慈烏的一再呼喊，表達詩人內心對牠的憐惜和讚嘆，使詩味迴盪，更加耐人尋思。

慈烏是種孝鳥，白居易將自我的感受投射，強調「子欲養而親不待」的悲痛是萬物所共有。而白居易本人對父母的奉養即竭盡心力，他在元和五年升任京兆府戶曹參軍時，曾作詩說：「捧詔感君恩，感恩非為己，祿養及吾親」，可見他的孝思。在這首詩中，出現了兩位古人——吳起和曾參，吳起是戰國時衛人，善於帶兵，能與兵士同衣食，共甘苦，士兵有長瘡的，甚至能親自為他吸吮膿血；但他為人猜忌陰狠，少年時蕩盡家產，受人嘲笑，所以憤而殺人，逃離衛國時發誓：「起不為卿相，不復入衛」，後來母親過世也就不回去奔喪；又曾為爭取擔任魯國大將出戰齊國的機會，殺了自己齊國籍的妻子來取信於魯國人，這些都可看出他為達目的不擇手段的性格。曾參則是有名的孝子，有一次他外出砍柴，家中有客人來，母親尋他不著，情急之下咬了手指，曾參在外頓覺心痛，於是立刻負薪回家，這就是「二十四孝」中「囓指痛心」的故事。白居易以吳起和曾參代表孝與不孝兩種典型，慈烏是「鳥中之曾參」，人類如果不知孝順，就連禽獸都不如了。

和〈慈烏夜啼〉性質相同的，還有一首〈燕詩示劉叟〉，詩中敘述燕子辛勤哺育幼雛，雛鳥長成後離巢他去，剩下老燕在空巢哀鳴的情形。從父母遭遺棄的角度立說，逆推人子須孝親的道理，「養兒方知父母恩」，確能發人深省。

骨肉至情是天性，父母與子女相偎依的慈親圖，永遠是最吸引人的畫面，白居易藉慈烏啞啞哀鳴的思親曲，譜出苦口婆心的勸世歌，不但表露他個人喪親念親的悲痛，更善盡了一個讀書人應有的社會使命。

原載於《國文天地》第53期
民國87年10月，頁92～93

〈張釋之執法〉中「行」的詞性

孫振志

國中國文第三冊第八課〈張釋之執法〉一文中有兩個「行」，當引起爭議，尤其每屆上學期，必有一番討論。唯因各有所本，缺乏共識，始終沒有統一的說法。其實，這兩個「行」雖分別出自史遷的陳述和犯人的供詞，但所指乃是同一事物，並非各有所指，細讀原文便可明白：「張釋之為廷尉。上行出中渭橋，有一人從橋下走出，乘輿馬驚。於是使騎捕，屬之廷尉。釋之治問。曰：『縣人來，聞蹕，匿橋下。久之，以為行已過，即出，見乘輿車騎即走耳。』」

從文意可以看出後文的「行」是指前文的「行」，前後兩個「行」都是「乘輿車騎」形成的；皆屬名詞，無庸置疑。

可是，坊間出版的國中國文參考書——「超群」、「無敵」、「最高水準」等，都把第一個「行」視為動詞（巡視），將第二個「行」解作名詞（巡行的車騎隊伍）。顯然顧此失彼，疏於連絡照應，致使兩個「行」分道揚鑣，各行其是。

至於師範大學國文系教授（國中國文課本編輯）陳品卿先生在《國文天地》第三十一期「解惑篇」解答「『行』之詞性與字義」時，雖把兩個「行」統一了，但卻解作動詞，是出人意料的。陳教授說：「上行出中渭橋，行，音ㄒㄧㄥˊ，動詞。其義有二：①巡狩。②巡視。……下文『久之，以為行已過。』……此句中之『行』，即前文『上行』（省略主語），整句的意思是：過了很久，我以為皇上巡行（的御駕）已經過去了。」陳教授的卓見是肯定了兩個「行」的相同詞性，但由於誤認為前文的「行」是動詞，以致把後文很明顯的敘事簡句（行已過）主語「行」亦視為動詞，解說起來不免產生矛盾現象——把「行」夾注（的御駕）為名詞。

高雄師範學院國文系何淑貞教授在《中國語文》第三六九期發表了〈中學國文選語法分析——張釋之執法〉一文，討論了「行」的詞性。謹節錄有關二「行」的分析部分，敬請讀者參考：

上行出中渭橋——敘事簡句。

1.上行，主語；出，述語；中渭橋，處所補語。

2.上行——主從結構。

上，加語；行，端語。

3.中渭橋——地名複詞。

行已過——造句結構（敘事簡句）。

行，主語；已，副語；過，述語。

注：端語、主語都是名詞在語法裏擔任的角色。

原載於《國文天地》第44期
民國78年1月，頁63

〈為學一首示子姪〉「之」字詞性的辨正

王紹文

本年一月二十日《中央日報・中學國語文》一四九期刊載〈「為學一首示子姪」『之』字詞性探討〉，作者吳建華教師認為：國中國文第三冊十一課〈為學一首示子姪〉中「吾資之昏，不逮人也；吾材之庸，不逮人也（以下簡稱本句）」及其所舉例句（計四則如後文）中有關「之」字的詞性，均當助詞講較介詞、連詞妥當。讀後深覺此種說法，尚須加以辨正。

因為詞性決定於詞義，詞義決定於句意，句意又決定於上下文的情（節）理（則）。依此來看其本句及例句中有關「之」字的詞性，則既均非介詞或連詞，更均非純語氣而無實義的助詞，而實應為繫詞或限制（副）詞：

一、本句「吾資之昏，不逮人也；吾材之庸，不逮人也。」語譯其意：「我天生的資質是昏憒的，不如他人的慧敏；我習得的才能是平庸的，不如他人的傑出。」由此可知本句係二個判斷繫句。「吾資之昏」及「吾材之庸」係二個句子形式的詞結，也即二個判斷簡句，各作其主語；二個「不逮人也」係二個謂語形式的詞結，各作其謂語。至於二個判斷簡句的「吾資」及「吾材」，分別為其主語；「昏」及「庸」，分別為其謂語。那麼其中二個「之」字的詞性，豈非均要釋作「是」的「繫」詞嗎？《孟子·盡心》：「無恥之恥，無恥矣。」《荀子·解蔽》：「人心之危，道心之微。」《公羊傳·宣公十五年》：「吾見子之君子也，是以告情於子也。」以及《楚辭·九章》：「晉申生之孝子兮。」等句中的「之」字，均為此類詞性的顯例。

二、例句計有四則，其中有關「之」字的詞性：

1.《**論語·陽貨**》：「予（宰予）之不仁也！」語譯其意：「宰我是一個沒有仁心的人啊！」由此可知此句也是一個判斷繫句。「予」為主語，「不仁也」為謂語形式的詞結（否定限制詞「不」加形容詞「仁」，「也」為句末語氣詞，即助詞），其中「之」字的詞性，不也是應釋作「是」的繫詞嗎？

2.《**詩經·魏風碩鼠**》：「樂郊樂郊，誰之永號？」語譯其意：「到了那自由安樂的地方，誰還要再受迫害而長歎呼號呢？」由此可知其中「之」字的詞性，不是應釋作

「尚（還、再）」的範圍限制（副）詞嗎？《管子・戒》：「今夫豎刁，其身之不愛，焉能愛君？」及《管子・大匡》：「其於君不如親糺（糾），糺之不死，而況君乎？」等句中的「之」字，均為此類詞性的顯例。

3.《**孟子・離婁**》：「樂（ㄩㄝˋ）之實，樂（ㄌㄜˋ）斯二者（孝弟），樂（ㄌㄜˋ）則生矣，生則惡可已也？惡可已，則不知足之蹈之，手之舞之！」語譯其意：「音樂的具體表現是樂於做這（孝弟）二件事情，快樂也就從這兒產生了，這快樂一產生了，那裡能遏止得住呢？快樂遏止不住，於是不自覺地腳就合著節拍跳起來了，手就合著節拍舞起來了！」由此可知「蹈之」、「舞之」中的二「之」字的詞性應為蹈、舞二動詞的止（受）詞，指稱音樂的節拍。至於「足之」、「手之」的二「之」字的詞性，不也是應釋作「則、即（便、就）」的範圍限制（副）詞嗎？《呂氏春秋・功名》：「故民無常處，見利之聚，無之去。」及《荀子・非相》：「然而口舌之均，噡唯則節（《諸子評議》：『之亦則，二者為互文』）。等句中的「之」字，均為此類詞性的顯例。

4.《**列子・湯問**》：「雖我之死，有子存焉。」語譯其意：「雖然我將死亡，但是有兒子生存在世。」由此可知其中「之」字的詞性，不也是應釋作「將來」動相限制（副）詞嗎？《史記・留侯世家》：「上乃憂曰：『為之奈何？』」《新序・善謀下八》：「『之』作『將』」，即為此類詞性的顯例。

總之，依前文所述，由上下文的情理而定句意，由句意而定詞義，由詞義而定詞性的規律來看，本句及例句中的有關「之」字的詞性，則既均非介詞或連詞，更均非純語氣而無實義的助詞，而實應為繫詞或限制詞，當可以肯定而無疑的吧。

注釋：

①各句的語譯，除本句外，例句均曾參考《古籍今註今譯》等專書。

②判斷句及限制詞的類別，見許世瑛先生所著《中國文法講話修訂本》。

③例句中有關「之」字詞性（義）的顯例，除《孟子·盡心》外，餘計八則，均擇自裴學海先生所著《古書虛字集釋》。

原載於《國文天地》第114期
民國83年11月，頁66～67

第五冊

江南風光與故國情懷
——試析李珣〈南鄉子〉與朱敦儒〈相見歡〉

王熙元

國中國文第五冊選了四首詞，第五課選的是五代李珣的〈南鄉子〉與宋代朱敦儒的〈相見歡〉，這兩首詞都是簡短的小令，前者描寫江南的旖旎風光，與活潑可愛的少女風姿；後者抒寫倚樓遠望、繫念故國的深情。詞的構成要素，就內容而言，不外乎自然景物之美與人生情懷之真，而上述作品正好代表這兩種類型。

一、南鄉子

乘彩舫，過蓮塘，棹歌驚起睡鴛鴦。遊女帶花偎伴笑，爭窈窕，競折團荷遮晚照。

凡是到過蘇州、杭州的人，無不陶醉於江南美景而流連忘返，那兒不但景物美好宜人，人物也美麗動人，尤其是年輕的女孩子，總是天真無邪，大方可親，一切都是那麼溫和柔美，芬芳醉人，李珣的〈南鄉子〉詞所寫的正是這樣的景致與情致。

乘彩舫，過蓮塘，棹歌驚起睡鴛鴦

〈南鄉子〉是詞牌名，代表一種歌曲的調子，原來是唐代教坊的曲調，五代後蜀詞人歐陽炯首先用作詞調，李珣與歐陽炯前後同時，而中國最早的一部文人詞集——趙崇祚所編的《花間集》中，已有不少人創作〈南鄉子〉，可見是當時流行的曲調。

詞牌又名詞調，其命名應該都有來歷或意義。初期的詞通常沒有題目，調名的含義往往代表詞的內容，如〈憶江南〉必寫回憶江南美景，〈天仙子〉必詠水仙花之類，本詞正是如此，「南鄉」就是「南國」，所以內容寫的是南國風光，「子」是附上詞尾，詞牌中常見，如〈卜算子〉、〈江城子〉之類。

早期的〈南鄉子〉是單調詞，不分段，體製短小，有二十七字、二十八字、三十字三體，李珣詞三十字，後來南唐馮延巳衍為雙調、五十六字，字數恰為二十八字體的兩倍，成為中調詞。

李珣這首〈南鄉子〉，雖然只有寥寥六句，卻寫得層次分明，景象既美，意態尤其動人，大體可分兩層：前三句寫景，後三句寫人。全詞最大的特色，是句句都是動態、動象的描摹，從頭到尾由一連串動作與動景連接而成，彷彿是電視螢光幕或電影銀幕上出現的連續性畫面。

首先出現鏡頭的是一艘小船，在天光雲影、青山碧水之間，遊人們乘坐裝飾華麗的畫舫，泛過蓮葉田田、蓮花盛開的池塘，於是船在池面上迎風移動，波光粼粼，景色如在眼前，這時船夫划船時唱出的歌聲，卻驚動了池邊安睡的一對鴛鴦，三句不但寫得靜中有動，而且有聲有色，「棹歌」是聲，「彩舫」、「蓮塘」、「鴛鴦」都是色，而且船與鳥彩色斑爛，蓮花與蓮葉紅綠相映，色彩十分鮮明，三句中既富視覺之美，也具聽覺之樂，船夫一面划着槳，一面逍遙地歌唱，歌聲與山水景色相融，構成一幅自然、生動而快樂的人間美境！

開頭兩個三言句，以寫實的筆法敘事，但也達到了寫景的功用，動中有景有色，一舉數得，用筆十分經濟。「棹歌」的「棹」，也寫作「櫂」，原指划船的槳，槳是划船時所用，故「棹歌」用來指划船時所唱的歌謠，構詞用意曲折，且「棹歌」與漁歌、樵歌一樣，是純美悅耳的自然天籟。

第二層續寫出遊的少女，頭帶鮮花，顯得嬌美動人，而且充滿青春氣息，尤其依偎在同伴身邊，不時發出銀鈴般的笑聲，更顯出嬌柔嫵媚，寫出了女孩們姿容情態之美，她們彷彿在爭相展現美好的容態，又一個個競相攀折圓圓的荷葉，撐起小小的綠傘，遮住傍晚時的落照，綠葉紅顏，襯以活潑的動作與姿態，渲染出一幅鮮活的少女嬉遊圖。

後三句所寫的「遊女」，早在《詩經·周南·漢廣》篇，詩人便已作為歌詠的題材，而「遊女帶花」，一則可見女子之青春年少，二則以花襯出少女容顏之美，着「偎」字，可見其嬌，連續用「爭」、用「競」字，可見眾女似在比美，而折荷也在比誰先折到，從遊女一連串動作的延續，讀者彷彿見到了一幕幕眼前的實景。

二、相見歡

金陵城上西樓，倚清秋。萬里夕陽垂地，大江流。　中原亂，簪纓散，幾時收？試倩悲風吹淚，過揚州。

至於朱敦儒的〈相見歡〉，原來也是唐代教坊曲名，《尊前集》中已有此調，是一首雙調小令。朱氏生存於北宋與南宋之交，北宋淪陷於金人時，他已是四十多歲的中年人，而且是北方洛陽人，避亂而至南方，自然深具故國情懷。

金陵曾是歷史上的帝王之都，號稱「龍蟠虎踞」，而六朝金粉，繁華如夢，劉禹錫曾感慨說：「潮打空城寂寞回」，王安石曾喟嘆：「六朝舊事如流水，但寒煙衰草凝綠。」作者所在的正是這樣一座古城，登城倚樓，樓前遠近一片清秋景色，顯得有幾許衰颯，但見在萬里之外，一輪夕陽緩緩垂落地面，而地面上江水東流，不但寫出了雄偉的景觀，而且以江流象徵時光的無情。「萬里」二字，可見空間視野之廣闊無垠，而「大江流」三字，又代表時間之流無盡，悲愴之感，自在不言中。

上片大體敘事寫景，下片則全抒感慨，並述期望。自從北宋末年，靖康之難，中原遭遇禍亂以來，朝廷王侯將相，達官貴人，因此流離各方，於是國家殘破，國土淪喪，不知幾時才能重光失土？且試着請悲愴的天風吹襲詞人感傷的淚水，越過揚州邊防，直趨中原，一舉而入中原。

下半「簪纓」二字，原指貴官頭上的髮簪與帽帶，此處借來代表達官貴族，修辭學上稱為「借代」。以「悲」形容風，而且所吹的是離人之淚，是懷念故國之淚，則作者傷感之深切，可以想見，且風似乎也有情感，美學上稱為移情作用。讓「悲風」與上片悲涼季節「清秋」、悲涼時光「夕陽垂地」產生前後呼應的作用。

原載於《國文天地》第52期
民國78年9月，頁88～90

山水駢文的佳作

——讀吳均〈與宋元思書〉

周兆祥

歷來論我國古代山水遊記者，無不將柳宗元的〈永州八記〉奉為楷模，並認為〈八記〉受北魏酈道元《水經注》影響頗深，此論甚當。不過也不應忽視南朝文學對它的影響。南朝，特別是齊梁之際，雖然崇尚駢儷，文風浮艷，但亦時見佳構。南梁吳均的〈與宋元思書〉便是一篇頗具特色的山水駢文。它與《水經注》的某些篇章有異曲同工之妙，而柳宗元〈八記〉中許多膾炙人口的佳句，則直如從中化出。全文只一百四十四字，現抄錄如下：

與宋元思書

風烟俱淨，天山共色。從流飄蕩，任意東西。自富陽至桐廬，一百許里，奇山異水，天下獨絕。水皆漂（一作「縹」）碧，千丈見底。游魚細石，直視無礙。急湍甚箭，猛浪若奔。夾岸高山，皆生寒樹；負勢競上，互相軒邈；爭高直指，千百成峰。泉水激石，泠泠作響。好鳥相鳴，嚶嚶成韻。蟬則千囀不窮，猿則百叫無絕。鳶飛戾天者，望峰息心；經綸世務者，窺谷忘返。橫柯上蔽，在晝猶昏；疏條交映，有時見日。

從「風烟」到「獨絕」總寫從富陽到桐廬這一段河道的沿江景色。文章起手，便以抒情的筆調概寫天候的明潔，舟行的飄逸，從而點染出作者遊興之濃。其所見者：一為「奇山」，一為「異水」，為下文的分別着墨提示了一個大綱。把山之奇、水之異加以具體生動的描繪，就是下文即將展示出來的內容。這裏所說的「風烟俱淨，天山共色。」結合下文中的水清、蟬鳴、猿叫和濃蔭，表現的自然是一幅夏秋的景象。這種景象是奇異的，引起了作者的讚嘆，稱它為「天下獨絕」，這就使作者濃烈的遊興落實了。

接着作者分別用特寫鏡頭將天下獨絕的異水奇山展現在讀者面前。先用六句話寫異水。說它「異」有兩點：一是水之清，「千丈見底」，「直視無礙」，都反映在視覺的感受上。以游魚細石的透視來點明水清澈的手法，正如酈道元「平潭清潔澄深，俯視游魚，類若乘空矣，所謂淵無潛鱗也。」（《水經注·淯水》）的寫法一樣，「潭中魚可百許頭，皆若空行無所依。」（柳宗元〈小石潭記〉），那恐怕是這一寫法的進一步胎化了。二是水之急。河流到了關節地方，急湍、浪猛，如利箭離弦，奔突而去，「雖乘奔御風，不以疾也。」（《水經注·江水》），吳、酈也是用同一手法。

再用六句寫奇山。這個「奇」表現在山之高峻和林木之繁茂。作者筆下之「夾岸高山」；顯得很有生氣。一個「負勢競上」的「競」，一個「爭高直指」的「爭」，使這些本來靜止的群峰頓時有了生命的活力，你看，它們正在爭着攀高，互比短長呢！這又和「山峰之上，立石數百丈，亭亭桀豎，競勢爭高。」（《水經注·河水》）、「左右岫壑爭深，山阜競高。」（《水經注·汝水》）出於同一種筆墨。至於那郁郁葱葱的林木，作者用了一個「寒」字就點明了它的清涼幽靜，讀之使人如入濃蔭，沁人心脾。

如果說，以上三層是寫視覺的「見」，那緊接着下面的又一個六句則在寫聽覺之「聞」。「泉水激石，泠泠作響」是「如鳴佩環」的水聲；「好鳥相鳴，嚶嚶成韻」是婉轉悅耳的鳥叫；「蟬則千囀不窮」是悠揚不絕的蟬鳴；「猿則百叫無絕」是淒厲愴涼的猿啼。這又和酈的「猿啼至清，山谷傳響，泠泠不絕」（《水經注·江水》）如出一人之手。自是天籟和鳴，空谷清音，把人們帶進了大自然的音樂世界！

末尾八句，是在進一步寫谷之幽深以後，托物言志。谷是深邃的，「橫柯上蔽」，

「疏條交映」，人行谷中，雖「在晝」而「猶昏」，只能偶爾見到透過濃蔭的陽光，作者用《詩・大雅・旱麓》「鳶飛戾天」句意，抒發了自己身臨如此奇山異水的感受，即使有大鳥高翔之志，只要看見這直指藍天的群峰也就「息心」了，還談什麼飛越過去的雄心壯志呢；即使是有志於經營一番人間事業的人，也往往沉醉於這樣的幽谷之中而流連忘返了。這自然是一方面在讚嘆山之高、林之深、谷之幽，同時也在暗喻功名之不可求。既然仕途不達，這「天下獨絕」的勝景，難道不是最值得寄情的嗎？在這裏，寒門出身的吳均發出了一縷隱隱的哀怨之情。這就是吳均通過他所見、所聞而又有所感之後，寫這封信與宋元思的用意之所在。

這種主要以四字和六字構句而又非常講究對偶的駢文，在六朝是很盛行的。所謂「四字密而不促，六字格而非緩。」（劉勰語），語句結構又保持平行的作法，成了一時的風氣。吳均在當時並不是大家，留下的作品也不多，但就其幾篇小品書札來說，他確實把景物摹寫得十分準確、生動。這一點，他可以與酈道元並提，在文學史上是有一定影響的。

關於作者，歷史上留下的材料不多，《梁書・文學傳》（《南史》略同）中有一點記載。

吳均（西元四六九——五二〇年）字叔庠，吳興故彰（今浙江安吉）人。家世寒賤，好學而有才，沈約看了他的文章，也非常稱讚。姚思廉說他：「文體清拔有古色，好事者多效之，謂為『吳均體』。」看來，在當時還是有一些名氣的。但是，由於門閥制度的關係，即使有才而出身寒門，也不大可能得到較高的地位，所以，他只是先後在吳興、揚州等地作過小官。他曾有志於著述，尤其是想修史，並曾實際着手過《齊春秋》等書的撰寫，終因故未成。在志怪小說方面，他繼東陽無疑的《齊諧記》而寫《續齊諧記》一卷，今已佚，魯迅在《古小說鈎沉》中輯錄了一點。

〈與宋元思書〉是從歐陽詢《藝文類聚·卷七》中選來的。關於吳均的作品，明人輯有一部《吳朝請集》，現存張天如（溥）纂的《漢魏六朝百三家集》中。清人嚴可均輯的《全上古秦漢三國六朝文》中，《全梁文》卷六十也收有此文。此外的一些選本亦多有采錄者，較有代表性的如許槤選、黎經誥箋注的《六朝文絜箋注》。這當中，有時在文字考訂方面，略有出入。

歷來評論吳均的人都認為他寄情於山水，工於寫景。他的這類小品書札，尤為世人所稱道。他的詩，今尚存一百零三首，樂府三十七首。張溥為《吳集》題辭，說他「詩什累累，樂府尤高。」但更突出的還是他的文章。就以〈與宋元思書〉來說，張說他「盛稱富陽桐廬山水，微矜摹擬，則士龍劉縣，明遠大雷，波瀾尚存。」認為他和陸雲、鮑照有相承接之處，這就是論者說：「其文怪以怒」的緣故。這類小品書札，除〈與宋元思書〉外，尚有〈與施從事書〉和〈與顧章書〉等，都是同一風格而大可一讀的佳作。

（轉載自《文史知識》一九八二年第十一期）

原載於《國文天地》第42期
民國77年11月，頁68～69

奇山異水天下獨絕

——吳均〈與宋元思書〉賞析

易俊傑

吳均生於宋明帝（劉彧）泰始五年（西元四六九年），卒於梁武帝（蕭衍）普通元年（西元五二〇年），為南北朝時期南朝梁代著名的文學家。字叔庠，吳興故鄣（今浙江省安吉縣）人。家世貧賤，性格耿直，好學而有俊才。其文工於寫景，尤以小品書札見稱。文辭清新挺拔，表現出沉湎山水的生活情趣，有一定的藝術成就。他在當時文壇影響很大，頗為著名的大文學家沈約所賞識，也有不少人仿效他的文章，稱之為「吳均體」。

魏晉南北朝時，政治黑暗，社會動亂，玄學盛行，使人們對現實感到厭惡，或避世隱居，或縱情於山水之間，於遊踪所至，美景在目，必然見諸文字，山水文學由此興起。

〈與宋元思書〉是吳均寫給其友宋元思的一封書信，實際上是一篇山水文學的佳作。它清麗新巧，幾乎通篇寫景，描繪了富春江上的秋色。當時，大概作者正在這一帶遊玩，興感勃發，於是寫下這封信，目的是要把自己觀賞到的美麗景色告訴朋友吧！

文章的第一段，總寫從富陽至桐廬江行所見的「奇山異水，天下獨絕」。

大筆以「風煙俱淨，天山共色」發端，二句八字，對仗工整，筆墨淋漓，從大處著筆，寫遠眺所得，勾勒出廣闊明淨的背景，點示出初秋的天朗氣爽，情境的寧靜美好：風止雲散，煙消霧失，天空蔚藍，羣山青翠，天色照著羣山，羣山映著天色，藍天青山，互相融和為一，色彩明快迷人，令人心馳神往！接著「從流飄蕩，任意東西」二句，由山寫到水。作者放舟江流，東飄西蕩，隨心所欲，縱情遨遊，賞心悅目，興致勃勃，其舒暢自如、怡然自得之情，可感可掬。「從」、「任」二字，極見自然之趣，亦給人以飄然之感。往下四句，接句甚快，入題神速。作者先明點「富陽」和「桐廬」兩個地名，暗暗點出富春江，揭示遊踪及描寫的對象；再以「一百許里」寫其遊程，揭示描述的範圍；然後以「奇山異水」總括性地提示本文所寫內容；最後「獨絕」二字，是絕無僅有，獨一無二之意，以此故作驚人之語，飽含讚美之情，給江行所見山水以總的評價，意在製造氣氛，引人往下覽讀。這段末兩句八字，大氣包舉，筆力扛鼎，總領後文，統攝全篇。

文章的第二段，承上段末二句，寫「異水」「天下獨絕」，具體描繪富春江水的清明澄澈和急湍猛浪，顯出其恬靜而又雄壯之美。

開頭「水皆縹碧，千丈見底」二句，先以「縹碧」二字，狀寫青白的水色，並著一個「皆」字，言其絕無例外；再以「千丈」這樣的誇張之語，極言其深；然深而能見其底，它是何等地清澈明淨！接著，「游魚細石，直視無礙」，寫江水的了了分明，一直看下去，視線毫無纖礙，無論動的和靜的細微之物，均能畢現於江底。這是對上兩句內容坐實補足一筆，使「縹碧」「見底」更為具體，更為形象。以上四句，是寫江水的靜態美，其中寫游魚之動，亦在襯托江水之靜。往下二句，「急湍甚箭，猛浪若奔」，調毫轉筆，由寫水的靜態而轉寫水的動態：直瀉的急流比箭還快，迅猛的浪頭彷彿向前飛奔。作者以大膽的誇張，形象的比喻，生動地描繪出富春江的急流猛浪，氣勢宏偉雄壯，令人驚心動魄，見出其動勢之美。江水的飛動與其平靜，形成鮮明的對比，更顯出其變幻多姿，秀麗壯觀。

文章的第三段，承首段末尾二句，寫「奇山」「天下獨絕」，具體描繪富春江兩岸羣山的高峻雄奇，景色瑰麗迷人。

這段可分四層。第一層，寫山勢之奇。先點出江岸高山，再著意寫山上之樹。「寒」字不僅揭示了季節氣候，亦傳出了冷清蕭瑟的秋色給人以寒涼的感受。接著以擬人的手法，描繪夾岸峯巒層疊愈來愈遠的景象。「負勢競上」，是說這些高山憑依高峻的形勢競相凌空；「互相軒邈」，是說它們彷彿都在爭著往高處和遠處伸展；「爭高直指」，是說它們都在爭著延伸到高處，筆直地向上。其中「競」、「上」與「爭」、「指」等詞，用得甚妙，使前後互為呼應，連成一氣，化靜為動，將峯巒的峻拔高險，描摹得活靈活現。「千百」二字，更把無數峯巒統統收攬於筆下，構成了山山相連，峯峯相疊，層出不窮，氣勢雄渾，生機蓬勃的圖景。

第二層，寫山聲之奇。首先寫山之水響：「泉水激石，泠泠作響」。以「泠泠」兩個象聲字突出其聲之清越。水上有山，山中有水，山水有聲，以聲襯靜，以聲顯境，相得益彰，增添了無限情趣。其次寫山中之鳥鳴：「好鳥相鳴，嚶嚶成韻」。以「嚶嚶」兩個象聲字突出其聲之和諧，優美悅耳。鳥鳴山更幽，益顯出其境界的清麗。然後寫山間之蟬轉猿叫，以「千轉不窮」、「百叫無絕」突出其聲之婉轉多變和連綿不斷。在此羣山之中，水響，鳥鳴，蟬轉，猿叫，千聲萬音，各具特色，交替變化，有如一片天籟，組成大自然的樂章，具有詩意的交響曲，這該是多麼地優美，多麼地動聽！以此奇聲裝點此山，境幽出俗，更見此山之奇，更顯此山之美！

第三層，寫山意之奇。「鳶飛戾天」，典出《詩經·大雅·旱麓》。意謂老鷹高飛到天上。這裏引用來比喻那些為功名利祿而極力攀高的人。「望峯息心」，意謂如果看到這些雄奇的山峯，就會平息那熱衷於功名利祿的心。「經綸世務者」，指辦理政務的人。「窺谷忘返」，意謂如果看到這些幽靜的山谷，就會流連忘返。在作者筆下，羣山有意，諸峯有情，志在流水，見此美景，功名利祿皆忘。這組抒情短論，巧用典故，含蓄精警，不僅抒發了作者的覽物之情，反映了他超脫塵世陋俗，否定仕宦生涯，嚮往美麗山水的清高隱逸思想，而且從另一個側面，突出了山峯的險峻和幽谷的恬靜，反襯出奇山美景具有吸引人的巨大魅力。

第四層，寫山樹之奇。山上林木，繁盛茂密，橫枝蔽空，不見天日，稀疏之處，篩影斑駁，忽晦忽明，有暉有陰，變化無常，景象萬千，另有一番情趣。這與段首「皆生寒樹」一語緊密照應，並作一補充，彷彿給奇山異水又籠罩上一層微薄的輕紗，讓人聯想深遠，遐思無窮。

總之，這篇模山範水之作，它以生動的筆觸，洋溢的熱情，描繪了富春江的山水之美，既絢爛秀麗，又清幽雄奇，充滿了詩情畫意。

本文全篇山水，皆寫「奇」「異」二字。寫水之「異」，則抓住水色、清澈的靜態之美和湍急的動勢之美來表現；寫山之「奇」，則抓住山勢、山聲、山意、山樹之奇來描繪。由於這樣突出了此山此水的特徵而不同於他處，因此，這「奇山異水」就確乎為「天下獨絕」了。作者在描述「奇山異水」之時，又將動與靜、聲與色、光與影、情與景、議與情巧妙地結合，繪出一幅充滿詩意和生命力的大自然的畫卷，給讀者以美的享受。全文寥寥一百四十四字，極為短小精悍；文辭簡煉，對仗工整，駢散互用，參差錯落，自然流暢，清麗諧美；寫景狀物，生動逼真，圖貌傳神，歷歷如見，讀來恍若親臨其境，令人情逸神飛！真不愧為山水小品中家傳戶誦的名篇佳作！

原載於《國文天地》第65期
民國79年10月，頁92～95

談〈與宋元思書〉與〈溪頭的竹子〉二文在結構上的異同

陳滿銘

一

在現行的國中《國文》課本裡，吳均的〈與宋元思書〉被選入第五冊第八課、張騰蛟的〈溪頭的竹子〉被選入第一冊第十八課，這兩篇課文本來很難扯在一起，但不久前，卻接到這麼一個問題：

〈與宋元思書〉就內容看，它是一篇記遊類的記敘文兼抒情文，而記敘的方法是否屬於倒敘？為什麼？與第一冊第十八課〈溪頭的竹子〉，寫法是否相同？

對於這個問題，當時我曾作回答。但是對於它們的寫法和結構，回答得太簡略了，實有進一步解釋的必要，所以便藉此作補充的說明。

二

先以〈與宋元思書〉來說，它的第一段是這樣寫的：

風煙俱淨，天山共色，從流飄蕩，任意東西。自富陽至桐廬，一百許里，奇山異水，天下獨絕。

其中「風煙俱淨」四句，用以敘事兼寫景為引子，藉以引出「自富陽至桐廬」四句，以交代地點，並拈出「奇山異水」四字，分兩軌來統括下文，這是「凡」（總括）的部分。

作者在第二段寫的是：

水皆縹碧，千丈見底，游魚細石，直視無礙。急湍甚箭，猛浪若奔。

這一段針對起段的「異水」具寫「水」的異景，他先寫水色之異，再寫水中魚石之異，然後寫湍浪之異，這是第一軌，為「目（條分）一」的部分。

在第三、四段則為：

夾岸高山，皆生寒樹。負勢競上，互相軒邈，爭高直指，千百成峰。泉水激石，泠泠作響；好鳥相鳴，嚶嚶成韻。蟬則千轉不窮，猿則百叫無絕。鳶飛戾天者，望峰息心；經綸世務者，窺谷忘返。橫柯上蔽，在晝猶昏；疏條交映，有時見日。

作者在這兩段裡，先以「夾岸高山」六句，寫山峰之奇。次以「泉以激石」六句，依次用泉水激石、好鳥相鳴和蟬噪猿啼來寫山聲之異；其中「泉水激石」二句，雖涉及了「水」，但仍以「山」（石）為主，所以還是用以寫山聲。接著以「鳶飛戾天者」四句，寫自己對著「奇山異水」所激生的感觸，這雖屬抒情的性質，透露出作者隱逸的思想，但就作法而論，卻屬插敘；其中前二句就「奇山」而寫，後二句就「異水」而寫，照應得極其周到。然後以「橫柯上蔽」四句，寫山樹（柯條）之奇，以回應「夾岸高山，皆生寒樹」的「寒樹」作收。這是第二軌，乃針對起段之「奇山」來寫的，為「目（條分二）」的部分。

由此可見這篇文章是採先凡後目的雙軌結構寫成的，它可用如下簡式來表示：

$$AB \rightarrow A_1 \cdot B_1$$

〈與宋元思書〉結構分析表：

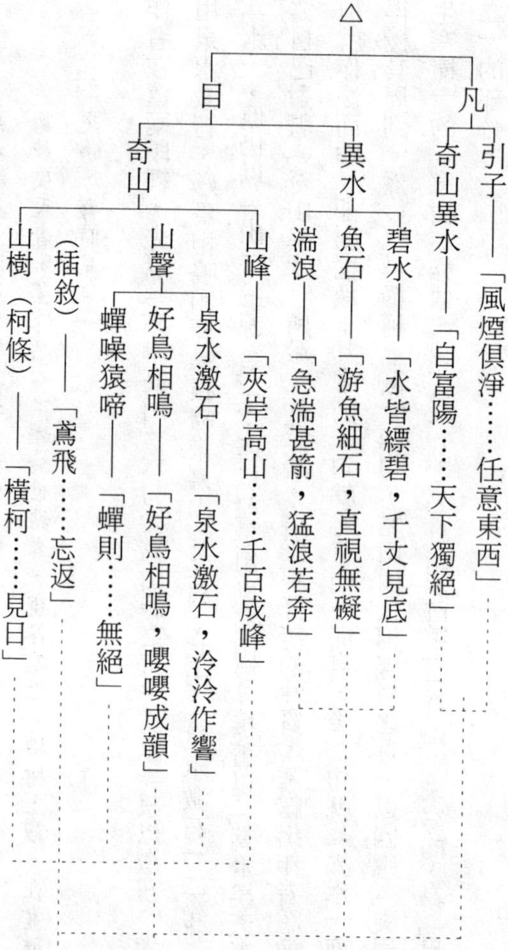

再以〈溪頭的竹子〉而言，它的首段寫：

> 溪頭是一簇迷人的風景，而叢聚在這裡的那些茂密的竹林，乃是風景中的風景。

此段採包孕的寫作方式，先寫溪頭公園整個風景之迷人，再縮寫到竹林風景之迷人，拈出「迷人」二字作為綱領，以單軌貫穿全文。這是「凡」（總括）的部分。

它的二、三段寫：

> 竹子是喜歡跑到山頭去聚居的，但是我從來沒有看過像溪頭的竹子這樣的稠密，這樣的擁擠，以及這樣的具有個性。我總認為，溪頭的竹子是它們這種植物中的另一種族類，它有意跑到這片山野裡來製造風景。
>
> 這裡的竹子，是以占領者的姿態去盤踞著山頭。它們不僅僅是為這片山野織起了一片青翠，重要的是，它們在這裡創造了一種罕見的姿態。記得當我第一眼觸及這裡的竹林時，曾經為之愕然良久，難道竹子是在這裡進行一項爬高的比賽？每一棵竹子都在不顧一切地往上鑽挺，看起來就好像要去捕星星、摘月亮，也好像是大家一起去搶奪那片藍藍的天空。

在這裡，作者從竹子本身如何「迷」人這一面，交代了溪頭的竹子所以迷人的原因。他先在第二段寫竹子因「稠密」而「製造風景」，再在第三段寫竹子因「鑽挺」而使人

「為之愕然」（著迷的另一說法）；這是「目（條分）一」的部分。

它的四、五、六等段寫：

我面對著這麼一群生氣勃勃的青竹，不自主地便鑽進它們的行列裡去，去親近它們，去觸及它們，看它們如何用根鬚去抓緊泥土，如何用青翠去染綠山野。當然，還有一個更重要的理由，就是讓自己去站到一棵竹子的身邊，然後，昂起頭來向上望，看看它以一種什麼樣子的姿勢挺拔起來的；希望能從它的身上，學一點點如何才能挺拔的祕訣，如何才能昂然而立的本領。記得過去曾經在颱風過後的山林中，看到了不少的斷枝殘幹，為什麼這片竹林中沒有這種景象呢？我想，該不是颱風不來南投罷，恐怕是這些茂密的竹子，不允許它進入這片山林的。假如真是這樣，就更值得向它們學習了。

我站在竹林的邊緣，發現到這裡的竹子是很講究秩序的，它們有它們的領域，它們有它們的地盤；他們絕對不會獨個兒走向其他林木叢裡去，也不會讓其他的林木走進它的行列裡來。竹林就是竹林，純得很，除了竹子，別無其他，就是一棵野花、野草什麼的，要想在這些竹林中立足，也是很不容易的。

正因為這裡的竹子創造了它們獨特的風格，創造了它們獨特的姿態，所以，喜歡這些竹林的人是很多的，我就發現到一群群的遊人佇立在竹林的外面，用一種痴痴的眼神去凝視那些竹林的深處。我想，他們一定也是被這些竹子吸引住了。

作者在此，從人對竹子入迷這一面，交代了溪頭的竹子「迷人」的結果。他先在第四、五段，寫人們對它的親近與欣賞，看它如何抓緊泥土、如何染綠山野、如何挺拔姿勢、如何保持茂密，及如何講究秩序，以回應第二、三段，並加以擴大，以見竹子所以迷人之處；然後在第六段，寫人們對它的喜愛；這是「目（條分）二」的部分。

它的末段則寫：

溪頭公園的風景是夠迷人的，而這裡的竹子，和竹子所構建起來的世界，更是迷人。賞景的人群自四面八方不斷地向這裡湧來，他們來看大學池，來看神木，而其中有不少的人，是特地來看竹子的，像我就是。

這裡採由因而果的形式來寫。它先寫竹子的迷人，再寫人對它的欣賞、喜愛，以回抱前文作結，這分明又是「凡」（總括）的部分。

縱觀此文，先寫竹子的迷人，再寫它迷人的原因與結果，然後又回到「迷人」上來收拾全文，使首尾圓合無間，這顯然是採由凡而目而凡的單軌結構寫成的，它可用如下簡式來表示：

$A \longrightarrow A_1 \cdot A_2 \longrightarrow A$

附：〈溪頭的竹子〉結構分析表

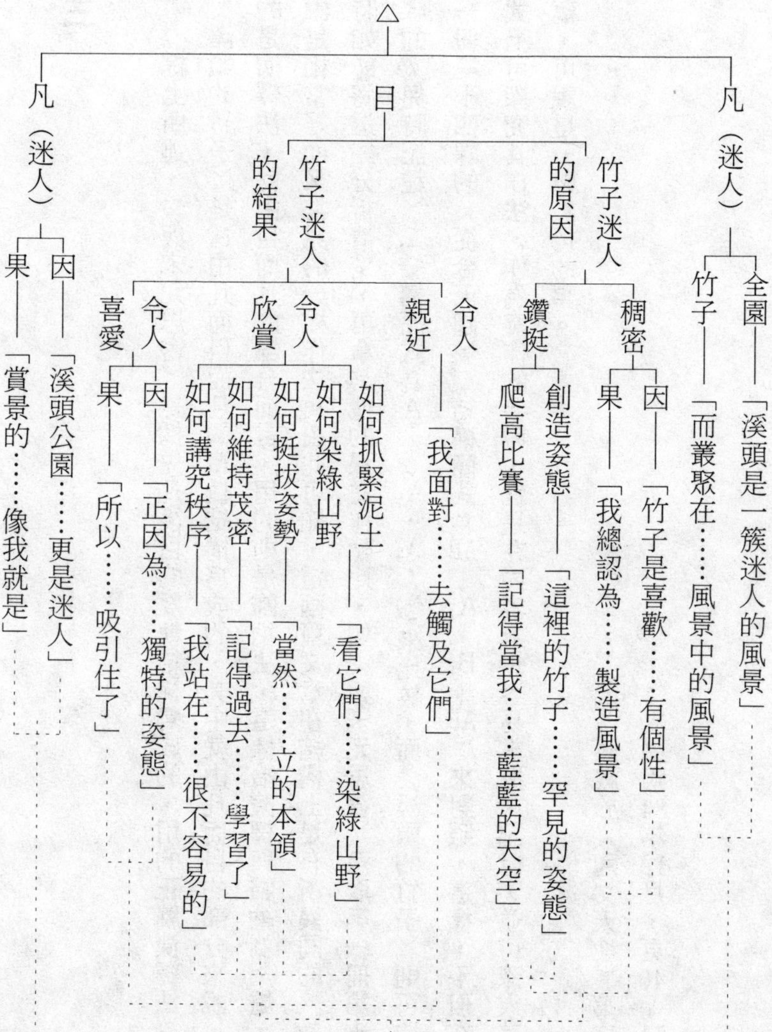
△
凡（迷人）
全園
「溪頭是一簇迷人的風景」
竹子
「而叢聚在……風景中的風景」
目
竹子迷人的原因
稠密
因
「竹子是喜歡……有個性」
果
「我總認為……製造風景」
鑽挺
創造姿態
「這裡的竹子……罕見的姿態」
爬高比賽
「記得當我……藍藍的天空」
竹子迷人的結果
令人親近
「我面對……去觸及它們」
令人欣賞
如何抓緊泥土
如何染綠山野
「看它們……染綠山野」
如何挺拔姿勢
「當然……立的本領」
如何維持茂密
「記得過去……學習了」
如何講究秩序
「我站在……很不容易的」
令人喜愛
因
「正因為……獨特的姿態」
果
「所以……吸引住了」
凡（迷人）
因
「溪頭公園……更是迷人」
果
「賞景的……像我就是」

三

綜上所述，〈與宋元思書〉是採先凡後目的雙軌結構寫成的，用的正屬演繹法；而〈溪頭的竹子〉是採由凡而目而凡的單軌結構寫成的，其中就由凡而目的部分來說，用的是演繹法，就由目而凡的部分而言，用的則是歸納法，這樣冶演繹與歸納為一爐，可說是相當好而又常見的一種作法。由此可知，這兩篇文章在結構上是有所異同的。教學時如能將這些分析清楚，再拿其他的課文作類比，如〈與宋元思書〉可取第一冊第十一課的〈兒時記趣〉（結構簡式為$A \longrightarrow A_1 \cdot A_2 \cdot A_3$）來比較，而〈溪頭的竹子〉則可取第一冊第十四課的〈從今天起〉（結構簡式為$AB \rightarrow A_1 \cdot B_1 \rightarrow AB$）來對照，這樣，不但在形式上可深究其作法，作為寫作的參考，就是在內容上也容易掌握、記憶，並可深入其底蘊，可說是一舉數得的事。

原載於《國文天地》第127期
民國84年12月，頁46～51

世路如今已慣此心到處悠然

——淺介張潮及其《幽夢影》

蔡君逸

《幽夢影》是晚明文人張潮的作品，這是一本隨筆、札記式的小書，雖然只有兩百多則，內容卻包含廣泛，有的是論學問，有的是講生活情趣，還有許多是張潮對人世事物的深刻體悟。以下，就分別從內容、作者兩部分來探究，並列舉書中數則略作說明。

《幽夢影》的內容

本書的內容，大致有下列三個部分：

一、讀書雜感：這是書中較偏向於學術性探討的部分。如張潮論歷代文體的演進，認為：

> 文體日增，至八股而遂止。如文、如詩、如賦、如詞、如曲、如說部、如傳奇小說，皆自無至有。方其未有之時，固不料後來之有此一體也。……

張潮瞭解文學作品演進的原理，明白歷代有歷代的文學，而認為明代並未能有得以傳於後世的新文體出現，深深感慨。張潮於書幾乎無所不讀，在《幽夢影》中有論聲韻、小說的文字，最可注意的是他論小說的部分，如：

> 《水滸傳》是一部怒書，《西遊記》是一部悟書，《金瓶梅》是一部哀書。

雖然只是短短數十字，可知張潮已注意到小說的存在、發展，書中論到小說，戲曲的文字還有不少，顯然在當時這一類的作品已深受文人重視，甚至將其等視於正統文學作品，這大概也是順應文學發展不可避免的趨勢。

除了上述對作品的實際批評外，《幽夢影》中還有許多概論式泛論讀書的部分，如大家耳熟能詳的：

> 讀經宜冬，其神專也。讀史宜夏，其時久也。讀諸子宜秋，其致別也。讀諸集

宜春，其機暢也。

少年讀書，如隙中窺月。中年讀書，如庭中望月。老年讀書，如臺上玩月。……

像這樣對於讀書深切領會的例子，尚有許多，在此就不一一列舉了。

二、人生經驗：張潮對於事理人情世故，也有極深刻的體悟，正如宋代朱敦儒的詞：「老來可喜，是歷遍人間，諳知物外」，張潮或許也有同感吧！所以說：

何謂善人，無損於世者則謂之善人；何謂惡人，有害於世者則謂之惡人。

能閒世人之所忙者，方能忙世人之所閒。律己宜帶秋氣，處世宜帶春氣。

這些言語，無一不是張潮在深刻體會人生後的經驗談，在一句句看似平淡、豁達的詞句背後，事實上也包含了作者極深的感觸。究竟，人生經驗的獲得，常需要用一些慘痛的教訓、極大的代價來換取。當然，除了豁達的句子之外，《幽夢影》中也偶有憤激之詞，如：

胸中小不平，可以酒消之；世間大不平，非劍不能消也。

天下唯鬼最富，生前囊無一文，死後每饒楮鏹。天下唯鬼最尊，生前或受欺凌，死後必多跪拜。

不過，這樣「強烈」的語詞，在全書中只佔少數。書中二百多條所記，大抵都是在平淡中見真意、真性情。宋人詞云：「世路如今已慣，此心到處悠然」即是這種心態的最好寫照。像這樣看盡人世滄桑，繁華落盡見真淳的深沈體悟，正是《幽夢影》中的主要內容，同時也是最被讀者所肯定的部分。

三、生活情趣：在《幽夢影》裏另一個重要內容所在，就是其中講究生活情趣的部分。比如張潮說：

藝花可以邀蝶，纍石可以邀雲，栽松可以邀風，貯水可以邀萍，築臺可以邀月，種蕉可以邀雨，植柳可以邀蟬。

松下聽琴，月下聽簫，澗邊聽瀑布，山中聽梵唄，覺耳中別有不同。

是這麼樣地講究生活情趣，這該和當時的時代背景脫不了關係，因為明末的政治紊亂，讀書人不屑於躋身仕途；而清朝代起之後，讀書人又不願在異族統治下為官。因此，只有寄情於山川、草木、風月、翰墨了。張潮就是這樣一個讀書人，他好讀書、飲酒、賞花、觀月、遊山水，又好美人，舉凡當時文人雅士所講究的一些娛樂、技能，他無不喜愛，其「講究」的程度，據他自己說：「雖不善書，而筆硯不可不精」、「雖不工弈，而秋枰不可不備」，可見其一斑了。而在《幽夢影》中，討論到這些內容的例子，也幾乎俯拾皆是，如：

賞花宜對佳人，醉月宜對韻人，映雪宜對高人。

上元須酌豪友，端午須酌麗友，七夕須酌韻友，中秋須酌淡友，重九須酌逸友。

像這種「須」、「宜」、「願」如何如何，在論「友」之外，即表現出對風雅、韻、趣的講求。然而，卻也表明了人世間諸多遺憾事，因為人間事到底是煞風景的多，如人願的少。不然，也不會有這樣的願望了。在這裏，張潮追求的是一種韻味、情致，沒有相當的學養，甚或天分，恐怕也難以達到。因此，未能盡如人意，也是必然的了。

以上概略敘述了《幽夢影》一書的內容，至於張潮何以將此書名為「幽夢影」？大概是以為世間事如夢如影，《金剛經》中即說：「一切有為法，如夢幻泡影」，或者張潮對世上人事變幻，亦作此想，因此題作書名。而本書的體裁為札記形式，為作者一時所見與感想，然後筆而記之。因此，本書當不是成於一時，而是張潮積累而成的。

《幽夢影》的作者

對於《幽夢影》作者張潮的生平事蹟，我們所知甚少，只知道他是明末清初徽州人，字山來，又字心齋，號三在道人。他的著作除了《幽夢影》之外，還有「鹿葱花館詩鈔」、《花影詞》，這「鹿葱花館」，當是張潮書齋之名。另外，如《昭代叢書》、《檀几叢書》、《虞初新志》都是張潮所編。《昭代叢書》收集了清初人的雜著，《檀几叢書》內容近似。至於《虞初新志》，則是仿湯顯祖《虞初志》而作，是一部文章總集，收錄一些明末清初文人較有韻致的文章。在《檀几叢書》中，也收錄了張潮自己的作品，如《聯莊》、《聯騷》、《七療》、《酒律》、《書本草》、《貧卦》、《花鳥春秋》、《補花底拾遺》、《玩月約》、《醉中八仙令》等。上述作品篇幅都極為短小，然而從這些作品，就可瞭解張潮真是興趣廣泛，學識淵博，同時又講究生活情趣。他好酒，所以有《酒律》、《醉中八仙令》；愛賞花玩月，而有《花鳥春秋》、《補花底拾遺》、《玩月約》；又解醫方（《七療》、《書本草》）卜筮（《貧卦》），真可算得上是多才多藝了。我們常用才、學、識，三者來評斷一個文人，以張潮來說，他是雅士、是才子、是名士，識見也不凡，但卻不能算是學者，因為他雜學太多，只能算是名士風流了。

而要做個大學問家和名士本就不同，學問家須耐得住生活上的寂寞，名士則難忍生命的平淡，是為兩難，就看文人才士之自擇了。張潮則很嚮往這樣風流自賞，優遊自得的名士生活，他曾說：

值太平世，生湖山郡，官長廉靜，家道優裕，娶婦賢淑，生子聰慧。人生如此，可云全福。

要過名士的生活，得先有個富裕的生活環境，否則日日只為衣食謀，又怎能瀟灑得起來？由此亦可知，張潮的家境必當十分優渥，才能如此講究生活情趣。也因此，張潮特別崇拜歷史上的風流人物，如陶淵明、蘇東坡，至於明代的唐寅、陳繼儒、湯顯祖諸人，張潮亦盼能與之「談笑幾回」。所以，他在《幽夢影》中，披露這樣的生活態度、理念，就不足為奇了。

在我們探討一位文人的作品時，也必須考慮到時代背景的關係。明末時，由於政治的黑暗，一般較有理想的讀書人皆不屑為官。他們既已絕意於功名、仕途，便只有將自己的心思、志趣轉移到別的東西上。下焉者追逐聲、色、犬、馬，上焉著則寄情詩、酒、自然，這是有抱負者的悲哀。當時這樣的「名士」有許多，像唐寅、陳繼儒，晚一些的張岱、南明諸公子，他們於各種雜學，乃至飲食、生活各項細節的講求，無所不精，卻對國家的淪亡，無能為力，這也不能說是時代的悲哀了。

另外，《幽夢影》這本書的產生，也和晚明小品的盛行脫不了關係，像徐渭、湯顯祖、屠隆等人已有一些情文並茂的短章，像李流芳的題畫小文，乃至公安、竟陵，文學發展的趨勢已由長篇大論的古文走向玲瓏、講求韻致的小品。同時，還出現了大量「格言式」的書籍，如較早期洪自誠的《菜根譚》、陸紹珩的《醉古堂劍掃》，都是這一類的格言式小品，且因而蔚為風氣。由此，張潮以平淡有味的文字寫成的這本《幽夢影》，其成書與當時文學環境背景的關係，也是不可忽視的。

以下，我們就介紹國中國文課本第五冊自《幽夢影》中所選錄的幾則小文：

> 人非聖賢，安能無所不知？止知其一，惟恐不止其一，復求知其二者，上也；止知其一，因人言始知有其二者，次也；止知其一，人言其二而莫之信者，又其次也；止知其一，惡人言有其二者，斯下之下矣。

孔子曾將人分為「生而知之」、「學而知之」、「困而知之」三者，而還有不願去「知」的人。而《幽夢影》所言，則有「求知」、「聞知」、「疑知」、「惡知」四種人。追求真知，當是人類的基本需求，然而卻有人懷疑真理，甚至厭惡聽到真理。這當然是因為一個人太過自以為是，也正因如此，讓他沒有辦法尊重或接受別人的意見，也難怪張潮會有「下之下矣」的感歎了。

> 有工夫讀書，謂之福；有力量濟人，謂之福；無是非到耳，謂之福；有多聞、直、諒之友，謂之福。

幸福、快樂是什麼？這可能是許多人窮其一生所追求的一個問題，其實這個問題並沒有一個標準答案，就如為人處世，重要的是能「適意」，在有餘力、餘暇時去做自己真正想做的事，同時能有良朋益友共同成長，真能如此，就是有福的人了。否則，終日問幸福是什麼？終日競逐，那麼幸福就很可能只是一個沒有答案的問題而已了。

> 人莫樂於閒，非無所事事之謂也。閒則能讀書，閒則能遊名勝，閒則能交益友，閒則能著書。天下之樂，孰大於是？

俗語說：「心閒貴於身閒」，而所有著重怡情養性的事物，也都必須要有個「閒」的基礎，閒了做什麼呢？張潮提供了幾種選擇：讀書、遊名勝、交益友、著書。像這些事情，雖然不是物質生活之所必要，卻是追求精神生活的人所不能缺少的。能夠將生活由物質的富足提昇到精神生活的層面上，的確是最快樂的事。

> 凡事不宜刻，若讀書則不可不刻；凡事不宜貪，若買書則不可不貪；凡事不宜癡，若行善則不可不癡。

「執著」是一種面對生命的態度，有的人執迷於名、利，有的人則執著於藝術、真、善、美的追求，它們同樣是堅持，卻因為對象的不同，而有層次高低的差別，這是由各人對世間事物的價值觀所決定的。在這裏，張潮執著的是知識與德行，這可說是他一生的目標所在，他所追求的是屬於精神層次，比起物質的慾望，是較不容易使人感覺空虛的。在《幽夢影》一書中，最多的正是對生活情趣的講求，這也可以看出張潮是何等重視精神的滿足了。

《幽夢影》是一本兼含哲理、情趣的小書，雖然篇幅短小，但需要讀者真正用心去體味，除了領略張潮的生活情趣，更要從中解悟人生的道理。

原載於《國文天地》第54期
民國78年11月，頁78～81

辛棄疾〈西江月〉（夜行黃沙道中）析探

葉憶如

壹、前言

辛棄疾詞作體制恢宏、風格多變。其詞風格調有「大聲鏜鞳，小聲鏗鍧，橫絕六合，掃空萬古」的豪壯，如〈水龍吟〉（登建康賞心亭）、〈永遇樂〉（京口北固亭懷古）與〈破陣子〉（為陳同甫賦壯語以寄）等。有「穠纖綿密者，亦不在小晏、秦郎之下」的綿麗，如〈摸魚兒〉（淳熙己亥，自湖北漕移湖南，同官王正之置酒小山亭，為賦）、〈滿江紅〉（敲碎離愁）與〈祝英臺近〉（晚春）等。有閒適雋逸詞作，如〈漢宮春〉

（會稽秋風亭觀雨）、〈水調歌頭〉（盟鷗）與〈鷓鴣天〉（鵝湖歸，病起作）等。有沉鬱詞作，如〈賀新郎〉（別茂嘉十二弟）、〈念奴嬌〉（書東流村壁）與〈菩薩蠻〉（書江西造口壁）等。①

辛棄疾詞作的中心思想，便是高尚節操及入世復國的意志，撫時感事，鬱勃情深，至情至性，豪邁中見精緻，可說「有性情，有境界」。此外，用典方面，「驅使莊、騷、經、史，無一點斧鑿痕，筆力甚峭」，但亦有化用或純用口語的詞作。紀昀《四庫全書總目提要·稼軒詞提要》稱其詞「慷慨縱橫，有不可一世之概；於倚聲家為變調，而異軍特起，能於翦紅刻翠之外，屹然別立一宗」，辛棄疾實受之無愧。後世並以蘇軾與辛棄疾合稱「蘇辛」，稱譽其為英雄詞人。②

本文所探討的〈西江月〉詞序為「夜行黃沙道中」，約是辛棄疾四十多歲時，落職閒居於江西上饒帶湖附近的景觀。辛棄疾極為提倡農事，他目睹當時社會現況，針對時弊提出鼓勵農事的建議，故為帶湖新居取名稼軒，並自號稼軒居士，以此自勉自許。此時稼軒雖遯隱鄉野，落得投閒置散，壯志難酬，卻仍胸懷抱負，關心民生，身處逆境而不消沉。他藉著這闋情景交融的農村詞，運用景物描寫來表達農民生活與心情，亦不時流露出他欣喜和寧靜的心境。

〈西江月〉這闋詞是屬於閒適雋逸的詞作，造境細緻微末，觀察細微，如同清新自然的藝術小品。詞中景物出於作者身邊尋常事物，信手拈來，有「不著一字，盡得風流」的功力，相當耐人尋味。而詞味瀟灑雋逸，和諧輕快，充份顯示作者的閒情逸致，至於詞中用語精煉，不用典，不生僻，深入淺出，造成情景交融，言有盡而意無窮，可謂以尋常容易言語化出天生好言語。

貳、形式辨析

一、格律

詞的嚴格格律，原是因音樂需求而定的。

詞有調名，稱為詞調或詞牌，是表明寫這首詞應依循的曲調樂譜，不一定和內容相關；而且調有定句，句有定字，字有定聲。詞分數片，以音樂演奏終止一遍稱一片，通常以分為兩片居多。詞的押韻依據音樂上的停頓，故隨著詞調不同，而韻位亦隨之變化。詞的句式長短不一，是為配合樂調的曲度。所以，作詞時須審音定字，以求詞調聲情和文情的協律和動聽，詞作不但講究平仄，有時還要求區分仄中的上去入。

1. 詞調、詞譜與押韻

〈西江月〉本屬唐教坊曲名，後衍為詞調，調名本於李白〈蘇臺覽古詩〉：「只今惟有西江月，曾照吳王宮裡人」的詩句，又名〈江月令〉、〈步虛詞〉、〈白蘋香〉。〈西江月〉為詞中小令，平仄通押，為雙調，五十字，上下片各兩平韻，結句各協一仄韻，平仄同部互協，以收聲情之美。而仄聲韻放在兩闋末尾，有加強語氣的效果。〈西江月〉詞牌平仄譜如下：（平聲作一，仄聲作｜，平可仄作⊤，仄可平作⊥）

⊥｜⊤｜⊥｜句
明月別枝驚鵲，
⊤一⊥｜一一韻
清風半夜鳴蟬。
⊤一⊥｜｜一一協
稻花香裡說豐年，
⊥｜⊤一⊥｜換仄協
聽取蛙聲一片。
⊥｜⊤一⊥｜句
七八個星天外。
⊤一⊥｜⊤一協平
兩三點雨山前。

丅—丄｜｜——協
舊時茆店社林邊，
丄｜丅—丄｜換仄協
路轉溪橋忽見。③

〈西江月〉八句六韻，是屬同一韻部平韻與仄韻交錯通押的，如「蟬」、「年」、「前」、「邊」四平韻；和「片」、「見」二仄韻，皆同屬第七部。且由調中字句聲韻可知：〈西江月〉用韻的位置疏密均勻，聲情必然較為和平寬舒；多用六六句式排偶，聲情則較為穩重；字聲平仄相間均勻，情感必呈安祥。句末作拗句，為全詞掀起一小波瀾。

2. 章法

這闋〈西江月〉的章法是，開頭是由寫景入手，而後因景生情，依景敘事。過片時則呈現明顯的對比，上片描寫為尙晴的夏夜，而下片急轉為欲雨的夏夜，此詞上下片不但是因音樂分片，亦為文意分片，正如文章的起承轉合一般。在結尾部份，「舊時茆店社林邊，路轉溪橋忽見」是倒裝句，「忽見」兩字點明「夜行黃沙道中」題意，使得前幾句字字皆有著落而不落空，具有呼應返照的功效。依章法看來，這闋詞妙處甚多。

3. 對仗

詞人常在上下片開頭時，凡相連的兩句字數相同，通常都運用對仗手法。如〈西江月〉中「明月別枝驚鵲」對「清風半夜鳴蟬」，「七八個星天外」對「兩三點雨山前」。拆開來看，也是兩兩對仗，如上片「明月」對「清風」，「別枝」對「半夜」，「驚鵲」對「鳴蟬」；下片「七八個星」對「兩三點雨」，「天外」對「山前」。造語平淡，明白如話，稼軒身為豪放詞人，但詞作對仗亦十分工整。

二、修辭

1.引用

語文中援用別人的話或典故是為「引用」。

〈西江月〉中「明月別枝驚鵲」一句化用前人詩句，如曹操〈短歌行〉「月明星稀，烏鵲南飛，繞樹三匝，何枝可依」；李太白〈贈柳圓詩〉「還同月下鵲，三繞未安枝」；蘇軾〈杭州牡丹詩〉「明月驚鵲未安枝」；周邦彥〈蝶戀花〉詞「月皎驚烏栖不定」④。

此外，「七八個星天外，兩三點雨山前」是引用五代盧延讓的〈松門寺〉詩「兩三條電欲為雨，七八個星猶在天」，再將詞序予以變化，省改內容，而青出於藍，更勝於藍。以上化用無非使得文字具形象化而簡潔，語言呈現委婉含蓄，使得詞作饒有新趣。

2.擬人

將人類的心情投射於外物，把外物看成人類一般而加以描述稱為「擬人」。這闋詞中「稻花香裡說豐年」的「說」，主角便是蛙，詞人以擬人化的手法將蛙視為同儕，以蛙聲比擬為人們談論著豐收的事情，使得詞作增添不少生動幽默。

3.摹寫

對事物的各種感受，加以形容描述稱為「摹寫」。〈西江月〉中運用視覺摹寫，如「明月」、「別枝」、「七八個星天外」、「兩三點雨山前」、「舊時茆店社林邊」、「路轉溪橋忽見」等句。此外，也運用聽覺摹寫，如「驚鵲」不言啼而啼自見、「鳴蟬」、「說豐年」、「蛙聲」等句。亦有運用觸覺摹寫，如「清風」等句；亦有運用嗅覺摹寫，如「稻花香」等句。摹寫若能綜合使用，則亦使人留下鮮明深刻的印象，〈西江月〉便是一例。

4.反襯

對於一種事物，用恰與其相反的副詞或形容詞加以描寫，稱作「反襯」。〈西江月〉中的「鵲噪」、「蟬鳴」、「蛙叫」這種大自然的天籟反襯出鄉村寧謐的夏夜，此同於「蟬噪林逾靜，鳥鳴山更幽」的用法；詞中又以「驚鵲」襯出「明月」的皎潔，以「鳴蟬」襯出「清風」的涼爽。

此外，古人以蛙鳴為豐年的象徵，文中「稻花香」亦暗點豐年的到來。

三、字句鍛鍊

1.成分的省略

是指在詩詞中省略某些句子以求簡潔，有時作者將連接詞或動詞省去，只留名詞或名詞性詞組。如〈西江月〉中「明月別枝驚鵲，清風半夜鳴蟬」由六個名詞性詞組聯合而成，表面上互不相干，其實卻生動地表現了江南夏夜。這段簡潔的語句，給予讀者極大的想像空間，可說是言有盡而意無窮。

2.詞序的變化

漢詞詞序通常為主詞、謂語；或謂語、賓語；或修飾語、被修飾語。詩詞卻因格律或意境的需要而打破這正常的詞序，又稱倒裝句法。這闋〈西江月〉同樣有此現象產生，如「稻花香裏說豐年，聽取蛙聲一片」，應為「聽取一片蛙聲，稻花香裡說豐年」的倒裝；「七八個星天外」應為「天外七八個星」的倒裝，「兩三點雨山前」應為「山前兩三點雨」的倒裝；「舊時茆店社林邊，路轉溪橋忽見」應為「路轉，忽見溪橋社林邊舊時茆店」的倒裝，非但句中詞序變化，句與句之間亦有倒裝的情形發生。「忽見」兩字是顧著協韻，亦考慮到可造成驚喜的高潮，其它倒裝句應是斟酌於格律的需要。

3.鍊字與句法

鍊字以形容詞與動詞為主。「別」字形容烏鵲棲惶不安，無枝可依的形象相當傳神。而「驚」字說明月光皎潔，烏鵲因光線而驚醒，既是驚醒，必然此起彼落的跳躍和啼叫，為避免造成和下句中的「鳴蟬」對偶得太呆板，故說「驚」不說「啼」，而「啼」意自見。「說」字以擬人手法，將蛙聲代人語，將這闋詞烘托得妙趣橫生。這首詞末句「忽見」二字下得好，非但掀起平地波瀾，並且把夜行者的心理變化層遞揭出，最後造成驚喜的心情。作者鍊字不得不說是絕妙，頗有「畫龍點睛」的效果，運用白描的方式，讓作品呈現出自然率真的風貌。

關於句法，〈西江月〉八句中就有六個六字句，兩個七字句。例如：明月別枝驚鵲（二二二），清風半夜鳴蟬（二二二）。稻花香裡說豐年（上四下三），聽取蛙聲一片（二二二）。七八個星天外（上四下二），兩三點雨山前（上四下二）。舊時茆店社林邊（上四下三），路轉溪橋忽見（二二二）。如此奇偶相生，造成詞作平穩而不呆滯，在穩定中蘊藏著變化。

參、內容賞析

〈西江月〉以順敘手法，上片寫夏夜鄉村的安適恬靜，下片寫黎明欲雨的鄉野景色，並道出夜行者喜悅閒適的心情。

上片可感受到寂靜夏夜，透過鵲噪、蟬鳴、蛙叫來寫尚晴的夏夜，有著詳略、深淺、主次之分，偏重於聽覺的描述。

首二句以景物點明夏夜。「明月別枝驚鵲」的「別」字有幾種不同的說法：一說為動詞「相背」義，作「辭別本枝」解釋；一為形容詞「另一枝」解釋；一為形容詞「斜枝」解釋。依據習慣用法和詞性而言，應是形容詞「另一枝」解釋。夏夜烏鵲被月光驚起是常見的景象，和曹操〈短歌行〉「月明星稀，烏鵲南飛，繞樹三匝，何枝可依」；李太白〈贈柳圓詩〉「還同月下鵲，三繞未安枝」；蘇軾〈杭州牡丹詩〉「明月驚鵲未安枝」；周邦彥〈蝶戀花〉詞「月皎驚烏栖不定」所呈現的意境相同，無非是棲惶不安，無枝可依。此外，下句「半夜」的「半」字為形容詞，應以同詞性的「別」字為對偶。月色皎潔，驚醒棲息樹上的烏鵲，而在枝頭上不安的跳動著。此處不說啼而啼自見，亦可避免與下句「鳴蟬」造成呆板堆砌的衝突。

「清風半夜鳴蟬」是說清風撩動樹梢而驚醒棲息於樹上的蟬，隨著風斷續地傳來它的鳴聲。清風與明月的靜謐夏夜，藉著鵲啼、蟬鳴而益顯恬靜，有著「鳥鳴山更幽」的效果。而半夜蟬鳴，表示天氣燥熱，為下片寫雨作一伏筆。

「稻花香」意謂作者夜行，視界模糊，僅由嗅覺得知豐收。耳際傳來一片蛙噪，古時認為蛙鳴是豐年的象徵，此外，雨前蛙叫急促，為下片遇雨埋下伏筆。而「說」豐年的主詞應是蛙，蛙叫和豐年本無關聯，因人們喜悅歡樂而透過擬人化手法寫成。

上片以「鵲噪」、「蟬鳴」、「蛙叫」的動，襯托「明月」、「清風」、「稻花」的靜，一動一靜，更烘襯出夏夜的靜謐。鵲噪、蟬鳴的聲響是此起彼落、若斷若續，拓展到下兩句，則一片蛙叫聲點活了夏夜鄉村生活，由視覺、聽覺、觸覺和嗅覺編織著一首夏夜的田園交響曲。

下片寫欲雨的夏夜。前二句說明天氣變化，襯托末二句行人心境，多從視覺上敘寫。「七八個星天外」，是說雲層漸密，隱約透出七八顆星，暗示已有雨意，也點出時間的推移是從半夜到清晨。「兩三點雨山前」，山前倏然飄下幾點雨滴，這是夏天驟雨將來的徵兆。這兩句化用五代盧延讓的〈松門寺〉詩「兩三條電欲為雨，七八個星猶在天」，但辛氏四、二句法遠比原詩生動。天氣驟變，使得作者由恬靜幽美的心境抽離，轉為焦急的心理。「舊時茆店社林邊」，「社林」為古代立社，每在社旁栽植與土地相宜的樹木，以為神靈可以憑依。作者依稀記得靠近土地廟樹林旁有間茅草小店，可供避雨。「路轉溪橋忽見」，意謂走過溪橋，拐個彎，忽然看見社林邊的茅店了。此時將不期遇雨的焦慮逆轉為有處蔽雨的欣喜表達得十分真切，「忽見」放在句末，使得作者心理由焦慮、期盼、臆測到發現的過程展露無遺。

全首八句，前六句寫自然景色，後二句點出夜行者的心情，對此詞有呼應返照的功效。

肆、結論

詞的表現方式通常是細緻的抒情，豐富的格律，簡鍊而富音樂性的語言，千錘百鍊鑄成的文學作品。故而不論派別，他們都為詞的生命注入新血，使得詞作流傳發展久遠。

本文分析南宋豪放詞人辛棄疾〈西江月〉（夜行黃沙道中）一詞，一方面想探究在南宋屢被讒言所陷的辛棄疾，投閒置散之餘，仍能有此閒情逸致忘情於山水鄉居，卻不消沉傷感，尤其詞尾「忽見」二字，似言「轉機」。辛氏蟄居鄉野，為的是復出報國，所以雋逸閒適的生活只為療傷，並非出世的作法。另一方面亦想探究豪放詞人所作的雋逸作品，一窺辛氏多樣化的詞風。而這闋〈西江月〉不但合於格律，並且採用多種修辭與鍛鍊字句，使得內容豐富精彩，在章法安排上堪稱巧妙，展露他豪放詞人雋逸的一面。

整體而言，辛棄疾的這首〈西江月〉，不論是形式或內容，風格或詞境，均可說是精妙之作。

注釋：

①豪壯及綿麗贊語見劉克莊〈辛稼軒集序〉，轉引自《唐宋詞選注》頁二四九。《唐宋詞選注》，張子良、張夢機編著，台北華正，一九八八年九月，修訂九版。

②依序為王國維《人間詞話》、樓敬思〈詞林紀事引〉，轉引自《唐宋詞選注》頁二四九至二五〇。又紀昀評語見《武英殿本四庫全書總目提要》第五冊，頁三〇二。台北商務，一九八三年十月。

③詞牌平仄譜參考《唐宋詞選注·附錄二》頁四〇〇。

④曹詩見《中國歷代詩歌選》頁一三九。台北源流，一九八二年九月。蘇詩題為〈杭州牡丹開時，僕猶在常、潤，周令作詩見寄，次其韻，復次一首送赴闕〉，見《蘇軾詩集》上冊，頁五五七。又〈次韻蔣穎叔〉亦襲此句，見《蘇軾詩集》中冊，頁一二六五。《蘇軾詩集》全三冊，台北學海，一九八五年九月，再版。周詞見《全宋詞》，頁二一二。台北宏業，一九八五年十月三十日，再版。

原載於《國文天地》第106期
民國83年3月，頁64～69

壯志飢餐胡虜肉，笑談渴飲匈奴血

——漫談〈滿江紅〉與民族意識

宋定

怒髮衝冠，憑欄處、瀟瀟雨歇。擡望眼、仰天長嘯，壯懷激烈。三十功名塵與土，八千里路雲和月。莫等閒，白了少年頭，空悲切。　靖康恥，猶未雪。臣子恨，何時滅。駕長車踏破賀蘭山缺。壯志飢餐胡虜肉，笑談渴飲匈奴血。待從頭、收拾舊山河，朝天闕。

〈滿江紅〉是一闋深入人心的宋詞，詞中的每一句，都顯現岳飛的萬丈豪情，和岳飛一生所處的環境與特殊的遭遇相互輝映，洋溢著滿腔熱血，力挽狂瀾的愛國情操，成為外患頻繁、國勢不振時，鼓舞士氣，提振人心的強心劑，因此，儘管學術界對這一闋詞是不是岳飛所寫的，還爭論不休，但它却是炎黃子孫抒飛民族情感的絕世作品。

詞中「壯志飢餐胡虜肉，笑談渴飲匈奴血」這一句，不僅將岳飛復國雪恥的悲壯胸懷，描寫得淋漓盡致，將它和「靖康恥，猶未雪」相映照，更顯現出強烈的民族意識。不過，倘如我們所看到的是目前流行很廣的文淵閣《四庫全書》本的《岳武穆遺文》時，會感到訝異，因為《四庫全書》本將〈滿江紅〉的後半段，做了很大的改變：

■岳飛的萬丈豪情及力挽狂瀾的愛國情操，都在〈滿江紅〉中表露無遺。

靖康恥，猶未雪。臣子恨，何時滅。駕長車踏破賀蘭山缺，壯志肯忘飛食肉，笑談欲灑盈腔血。待從頭，收拾舊山河，朝天闕。

雖然改易的只有八個字，但是，這麼一改却使全詞的精神為之大變，原來強烈的民族意識消失了。其實，這也正是清人要發動龐大的人力、物力，去修纂《四庫全書》的動機之一，政治性的企圖非常明顯。

這種改易文句的例子，也見於岳飛的其他詩文，明代弘治和萬曆刊本的《岳武穆集》卷三，收了一篇題名為〈送紫巖張先生北伐〉的詩，是岳飛送給當時布署北伐的主戰名臣張浚的，全文是：

號令風霆迅，天聲動北陬，長驅渡河洛，
直擣向燕幽。馬蹀閼氏血，旗梟克汗頭，
歸來報明主，恢復舊神州。

《四庫》本的《岳武穆遺文》將「馬蹀閼氏血，旗梟克汗頭」二句，改成「馬蹀沙場血，旗翻朔野秋」，而《四庫》本《兩宋名賢小集》卷一四七所收岳飛的詩文，則作「痛飲黃龍府，鑾兵木葉樓」，都是很明顯地將原作中含有民族意識的詞句，做了很大的變動。

當然，今天我們是強調各民族一律平等的時代，不容許再有高唱夷夏之防的論調，以免加深民族間的裂痕。但是，歷史的要還給歷史，從宋人所處的環境看來，當時中國本位主義高漲，外患相繼不絕，加上朝廷大力提倡忠君愛國的思想，自然促使民族意識抬頭，所以，在宋人的著作中出現指斥外族、嚴夷夏之防、伸張春秋大義的文字，毋寧是件很自然的事，甚至是立國的基本精神。如果，當時的知識分子沒有這股氣節和強烈的民族意識，能否立國是值得懷疑的。

清廷藉修纂《四庫全書》，把古人著作中含有民族意識的文字，任意改易或者抽燬的情形，比比皆是，〈滿江紅〉這闋詞不過是其中一個例子而已。許多古人的著作，經過這麼一改，不僅使後人無法瞭解他們的精神、態度，也湮滅了史實，是史料遭浩刼的一個因素，這種做法值得批判。

今天，當我們肯定清廷修纂《四庫全書》對我國文化具有保存之功時，也要注意到它是不是別有用心地乘機作了手脚。此外，有志於從事研究的人，在利用《四庫》本時，更要細心的參酌其他不同的版本，才能真正瞭解古人的作品。

原載於《國文天地》第55期
民國78年12月，頁94～95

〈與荷蘭守將書〉涉及的貿易背景

陳曉江

國中國文第五冊新增課文〈與荷蘭守將書〉，係鄭成功招降荷蘭的重要文件，其中涉及政治、軍事、貿易等背景問題相當廣泛。本文特就「荷蘭據臺」、「鄭氏復臺」的貿易因素提出討論

國中國文課本第五冊第十九課〈與荷蘭守將書〉一文，涉及政治、軍事、貿易等問題，相當廣泛，本文論述範圍，以「荷蘭據臺」、「鄭氏復臺」為主要內容，析論其中涉及貿易的有關問題。

葡萄牙人發現歐洲通往印度的航路之後，進而前來中國貿易。明世宗嘉靖卅二年（一五五三），廣州海道副使汪柏接受了每年一千兩銀的賄賂（見黃鴻釗《澳門史》，香港商務印書館，一九八七年版，頁四八、六三），允許葡萄牙人在澳門停留貿易（見前書

頁四三引郭棐《萬曆廣東通志》卷六九）。此後，葡萄牙人便以澳門為遠東貿易根據地，從事歐洲至印度、南洋、中國、日本等地之間的轉口貿易，獲利甚豐。在當時，澳門便成為最有名的中國國際商港。神宗萬曆廿三年（一五九五），荷蘭繼葡萄牙之後，遠航東方進行貿易，荷、葡雙方在商業利益上的衝突，使他們在南洋羣島發生了戰爭。荷蘭處心積慮，要壟斷遠東的貿易權，於是處處攻擊葡萄牙在遠東的各個貿易根據地，力圖驅逐葡萄牙勢力，取代他們的貿易，因此澳門便成為一個顯著的攻擊目標。

萬曆廿九年（一六〇一）荷蘭艦隊進犯澳門的葡萄牙人，但是被逐退，荷蘭人仍在麻六甲海峽和澳門海域，以搶掠葡萄牙商船的行動，來打擊葡萄牙人的貿易。萬曆卅二年荷艦再度航向澳門，因為遇到暴風，未能進攻澳門，便到達澎湖，企圖和明朝進行貿易（見張天澤《中葡早期通商史》，香港中華書局一九八八年版，頁一三六）。明朝對於荷蘭這個沒有「朝貢關係」的國家，採取的是嚴拒貿易的態度，以免因此而滋生事端，而澎湖地處險要，更不能容許荷蘭人立足，福建巡撫徐學聚派總兵施德政、都司沈有容，率兵驅逐荷蘭人。施德政受命後嚴守要塞，阻斷民間對荷蘭人的物資往來，沈有容則親自勸荷蘭人退出澎湖，荷蘭人在「接濟路窮」、「無所得食」的情形下，祇好揚帆而去（見《明史》，鼎文書局六十八年版，頁八四三六），這就是有名的「沈有容諭退紅毛蕃」事件。至於荷蘭人為何前往澎湖？原來在福建泉州設有市舶司，進行對琉球的貿易

（見《明史》頁一九八），也有華商從事福建漳州至呂宋的海外貿易（見張燮《東西洋考》，臺灣商務印書館六十年版，卷五頁五七），荷蘭人便企圖以位居漳州、泉州外海的澎湖為根據地，透過華商，建立對明朝的貿易，再發展對日本的轉口貿易。

萬曆卅五年（一六〇七）荷蘭人曾到潮州外海的南澳，謀求貿易機會，但仍被拒絕。在澳門方面，荷蘭再度入侵，仍被葡萄牙逐退。及至萬曆卅七年（一六〇九），荷蘭在日本平戶建立了貿易根據地，同年在爪哇設置第一任總督，壟斷了當地的貿易，但是在中國沿海，卻連一個立足之地都沒有，為了開展對中國的貿易，荷蘭人並沒有放棄佔領澳門的念頭。

熹宗天啟二年（一六二二），十三艘荷蘭軍艦遠征澳門，葡萄牙人抵擋不了荷蘭軍隊的攻勢，從海岸退入城區，荷軍攻上東望洋炮臺山頂，城區內警鐘響起，居民協同葡萄牙人作戰，激戰之下，荷軍失利撤退，結束了澳門歷史上規模最大的一場戰爭！荷軍退出澳門後，航向澎湖，適值澎湖游兵撤汛時期，島上並無守軍，於是便登陸澎湖，並以當地漁民為嚮導，東航臺灣，找尋優良港口，又用武力侵犯福建沿海，要求和中國進行貿易。福建巡撫南居益面對這種情形，主張以武力驅逐荷蘭人，上奏獲准之後，於天啟四年（一六二四）發兵進攻，戰事持續半年，荷蘭戰敗求和，退出澎湖，航向臺灣，在大員（今臺南安平）登陸，築城而治，以臺灣為遠東貿易根據地，發展對外貿易，直

⊙鄭成功出生的地點，日本平戶千里濱。

到鄭成功收復臺灣為止。荷蘭退出澎湖，佔據臺灣之後，明朝軍隊並未追擊至臺灣，因為在當時，明朝並未把臺灣收入版圖（見《明史》頁八三七六），而荷蘭亦未放棄在大陸沿海尋覓貿易根據地的念頭，三年之後，再次進犯澳門，仍是失敗而退。

思宗崇禎三年（一六三〇），荷蘭曾進犯福建中左所（今廈門），要求通商貿易，但被鄭芝龍打敗。六年，荷蘭聯合海盜劉香，進犯福建金門所（今金門），鄭芝龍再擊敗之。十年，荷蘭在廣州要求通商貿易，依然被拒絕。十二年，荷蘭再次侵擾福建沿海，仍被鄭芝龍打退。荷蘭雖然能夠暫時佔據臺灣，但是一直未能將勢力滲入福建沿海，他們最主要的對手，是勢力龐大的鄭氏家族。鄭芝龍屢次戰勝入侵福建沿海的荷蘭人，鄭成功則是渡過臺灣海峽，將荷蘭人驅逐出臺灣。

鄭芝龍是福建省泉州府南安縣石井鄉人，十八歲時在澳門投靠母舅黃程，從事海外貿易活動，其後為黃程押送貨物到日本，僑居於平戶，娶日本女子為妻。當時德川幕府執掌日本國政，甚為歡迎華商前往日本貿易，而定居日本的華商為數甚多。顏思齊與鄭芝龍等人計畫對日本起事，事洩，駕船逃至臺灣，在笨港（今北港）登陸，「築寨以居」（見連橫《臺灣通史》，臺灣銀行經濟研究室六十八年影印版，卷廿九頁七三八）。鄭芝龍成為海上亡命之徒後，搶劫商船，因而致富。天啟四年（一六二四），荷蘭人佔據臺灣（今臺南市）之年，鄭芝龍長子鄭森（成功）出生於日本平戶千里濱。次年，顏思齊病死，鄭芝龍成為海盜首領，搶掠商船之外，亦以貿易獲利。天啟六年，鄭芝龍進犯金門、廈門，聚眾數萬，勢力盛大，沿海官兵，難以抵敵。次年，鄭芝龍佔據廈門，威名震於南海。官軍既無法消滅，乃招降鄭氏。

崇禎元年（一六二八）鄭芝龍投降後，任海防游擊一職，運用以前縱橫海上的勢力，替明朝政府消滅東南沿海海盜，逐退入侵福建的荷蘭人，同時亦進行私人性質的海外貿易，範圍遠及日本和南洋一帶。當時福建沿海船隻，不得鄭氏令旗，不能往來，每艘船尚須繳納例金三千，鄭氏歲入千萬計，由此可見其財勢之大（見《臺灣史》，臺灣省文獻委員會六十六年版，頁六一引黃宗羲《賜姓始末》）。

崇禎十七年（一六四四），滿清入關之後，福王即位於南京，是為弘光帝。當時的鄭芝龍不僅威鎮一方，而且富可敵國，朝廷需要借重鄭氏抗清，於是極力懷柔之，並封鄭芝龍為南安伯，陞為總鎮，在福建鎮守。弘光帝被清兵俘獲之後，唐王即位於福建，是為隆武帝，依靠鄭氏勢力抗清，進封鄭芝龍為平夷侯，並賜鄭芝龍長子鄭森國姓「朱」，取名「成功」，寵遇非常。隆武二年（一六四六）清兵進攻福建，隆武帝被俘，鄭芝龍退守安平鎮，海船尚有五百艘，聲勢仍盛，後因滿清招降，乃屈膝變節。鄭成功於父親降清之後，以金門、廈門為根據地，繼續抗清。鄭氏糧餉除來自東南沿海佔領區之外，同時亦透過海外貿易，以充實財富，用作軍費。當時主要的海外貿易路線，自金門出航，往南可達今日的越南、高棉、泰國、馬來西亞、印尼、菲律賓，往北可達日本，往東則達臺灣（以上見王賡武《南洋華人簡史》，水牛出版社七十七版，頁六五至六七；《臺灣史》頁二一〇；黃大受《臺灣史綱》，三民書局七十七年版，頁七四）。

臺灣本來是鄭芝龍發跡地，鄭氏投降明朝之後，未跟隨投降的鄭氏部下，留居臺灣的，為數不少，他們聚居北港一帶，自有其潛在勢力。荷蘭人以臺南為根據地，向外擴展勢力的時候，對鄭氏餘黨，亦不敢輕視。鄭成功起兵抗清之後，荷蘭人對鄭軍將收復臺灣的傳言，產生疑懼之心，並為此而貯糧備戰。永曆九年（一六五五）盛傳鄭成功進攻臺灣，荷蘭人乃加強沿海防務，並盤查及干擾來往臺灣海峽的鄭氏商船，於是糾紛漸多，摩擦日深，鄭成功便以禁止貿易的手段來對付荷蘭人，他「傳令各港澳並東西夷國州府，不准到臺灣通商，由是禁絕二年，船隻不通。」（見黃大受《臺灣史綱》，三民書局七十七年版，頁七五引楊英《從征實錄》）嚴重影響了臺灣的貿易，荷蘭人因此而損失甚大。永曆十一年（一六五七）荷蘭派遣通事何斌，餽贈外國寶物給鄭成功，要求和鄭成功恢復通商，並願意每年幫助鄭成功軍費五千兩、箭桴十萬枝、硫黃一千擔。這麼優厚的待遇，目的在與鄭成功恢復良好貿易及外交關係，以謀求能保持臺灣這個遠東貿易基地。鄭成功為了籌措軍餉，也就答應了荷蘭人恢復通商的要求，而藉著和何斌溝通的機會，對於臺灣的情形，也就更為了解。鄭成功曾以每年紋銀一萬八千兩的薪酬，託何斌在臺灣代為徵收商稅，並偵察鹿耳門水道。永曆十三年（一六五九）鄭成功進攻南京，大敗而退，回守金門、廈門，清兵乘勝加緊進逼，雖被鄭軍擊退，但金、廈兩島實在太小了，使得鄭成功考慮征臺驅荷的可能性！加上何斌為鄭成功在臺灣徵稅的事，已被荷蘭人知悉，何斌帶來臺灣地圖，力勸鄭成功收復鄭家舊地，加以開發，在足食足兵的情形下，與滿清再作抗衡。永曆十五年鄭成功率領大軍二萬五千人東征，經歷九個多月的作戰，荷蘭人終於投降，結束了在臺灣的三十八年統治。

鄭成功收復臺灣之後，不到五個月，即因病逝世，其子鄭經繼承了祖、父兩代的勢力，縱橫海上，與清兵周旋。其後，清兵奪取金門、廈門，鄭經退保臺、澎。清朝為了斷絕民間對鄭氏的貿易往來，實施海禁政策，頒下「遷海令」，凡沿海居民，內遷三十里，禁止漁舟、商船出海。在這種情形之下，鄭氏為生存問題，運用各種方法，努力打破封鎖，沿海居民對臺灣的通商貿易，並不見得完全斷絕。從事海外貿易的日本商人和歐洲商人，由於清朝的海禁政策影響之下，轉而到臺灣進行貿易，結果使臺灣成為中外貨物的集散地，海外貿易更為盛大。

荷蘭為貿易而佔據臺灣，鄭氏勢力又與貿易關係密切，值得注意的是，西方勢力的入侵，乃隨著貿易而東來，明鄭尚能與之抗衡，及至晚清，則不可同日而語了。

原載於《國文天地》第68期
民國80年1月，頁80～83

荷蘭人在鯤鯓所建的熱蘭遮城。

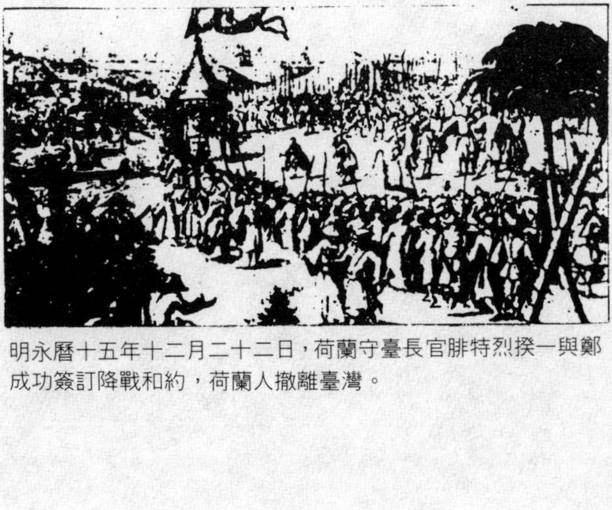

明永曆十五年十二月二十二日，荷蘭守臺長官腓特烈揆一與鄭成功簽訂降戰和約，荷蘭人撤離臺灣。

通論

國語文教學的新方向

黃錦鋐／演講　鍾怡雯／記錄

語文教學是一門很複雜的學科，因此，我所謂的「新方向」，只是個人主觀的看法而已，希望能提供大家一些不同的思考空間。

我們知道，語文教學是既重繼承，又要推陳出新的一門學科。就知識的性質而言，可分為累積與非累積的知識。自然科學就是非累積的知識，一些早期的發明，至今已覺不新鮮，像五十年前燒煤炭的火車頭已被淘汰，取而代之的是電氣化的火車頭；人文學科則是累積的知識，一千多年前的李白、杜甫的詩歌，至今仍傳頌不已，而且以後仍將不斷受其影響。這兩種知識各有其不同的特性。教學方法比較偏於非累積的知識。因為偏於非累積，所以重於揚棄。歷史告訴我們，從光緒二十八年（一九〇二）實施新式教育制度以來，就不斷地在改進教學方法，早期輸入中國的，有所謂海爾巴特的五段教學法，以後陸續改進的如蒙特梭利教學法、啟發式教學法、自學輔導法、社會化教學法、

單元教學法、協同教學法、道爾頓教學等等……，可說是不計其數，最近推行的所謂「行為目標教學法」，相信以後仍將不斷會有新的教學法被引進。然而，我們應該了解，沒有一種教學法可以永久性、普遍性地實施，過去的許多教學法如今都成了歷史名詞。所以，我認為教學法是一種非累積的知識。

語文本身則是偏於累積的，因為偏於累積，所以重於「繼承」。我們討論詩歌，不能不提到先秦的《詩經》與《楚辭》；要討論文章，不能不提到唐宋八大家。如今，我們要把具有揚棄特性的教學法去試圖改進具有因襲、繼承特性的語文，不免會產生一些排斥的現象，但這不是人為的因素，而完全是由於教學法和語文特性不同的緣故使然。當然，這兩者並非不可調和。不過，要如何加以調和，使新的教學法可以良好地為語文教學服務，這是值得我們研究的重要課題。

在本質上說，知識雖然分為累積和非累積，但兩者仍有密切的關聯。譬如五十年前燒煤炭的火車頭，雖然被拋棄，但今天電氣化的火車頭，還是從燒煤炭的火車頭發展出來的。另一方面說，教學方法是一種藝術，應該是一種綜合性的運用，所以我認為語文教學不能只運用一種固定的教學法，我稱之為實用語文教學法或是綜合性的教學法。西洋教育學家吉爾巴哈艾特著有一本《教學的藝術》，在書中他說，很多教師有一種錯誤的觀念，以為良好的教學效果，是歸功於固定的一種教學法，而他認為，沒有一種教學法是萬應靈丹，應該視學校的設備、環境、學生程度、教師能力去選擇適當的教學法。

我曾觀摩過無數次的中學語文教學，也參加過多次的語文教學研討會和座談會，我發覺許多教學成功的教師，除了他本身的基本學識、準備工夫外，在教學的過程中，他們並不強調運用一種特定的教學法，而是綜合多種教學法，隨機應變，視課文內容與教學情境來臨場運用，有時提問，有時講述，視教學的情景與課文的內容而定。學生的情緒完全為教師所掌握，把精神貫注在課本上，而不會有冷場。固然，任何一種教學法都有其片面的效果，但不是唯一的，這是語文教學首先要了解的一點。

至於怎樣才是較好的教學法呢？我個人認為有以下三個方向可以供我們思考：

在理論上要虛實互用

在語文教學的理論上，我主張要虛實互用。教學時不可離開教材，空談理論，但有時也要離開教材，給學生有思考的空間。這麼說好似矛盾，其實不然。我們知道，如果只教學生句子結構、詞語修飾、文句意義，學生充其量只能了解課文的字面意義，對於其內涵意義則無法領悟。過去私塾的教學為人所詬病，原因即在於此。清代王筠的〈教童子法〉，就特別指出這一點，他認為學童不是畜牲，教他什麼，他就學什麼；言外之意，應該給學生有思考的空間。也就是我所說的既不能離開教材、又要離開教材的原因。

語文教學不能離開教材，是指要使學生對課文有基本認識，這是手段。要離開教材，是指要引導學生進入抽象領域，達到創造的意境，這才是目的。沈復的《浮生六記》中，他能將「夏蚊成雷」比擬作「群鶴舞空」，就是最好的說明。如果離開現實的蚊子，就沒有美麗的鶴鳥出現，所以說不能離開教材，但是若不離開教材，則沈復所記的將永遠是令人討厭的蚊子。

其實，教材中有很多文章的內容，教師也無法解釋得很清楚，如《老殘遊記》中記「明湖居聽書」那一段，描寫聽白妞說書後的感覺是「五臟六腑裏像熨斗熨過一般，無一處不伏貼，三萬六千個毛孔，像吃了人參果，無一個毛孔不暢快。」人參果或許有人吃過，但五臟六腑像被熨斗熨過的經驗卻絕不會有。因此，若不能引導學生去思考那抽象的領域，教師將無法說明。

不離開教材，我稱之為「踏實」，學生若不能切實了解課本文義，必定浮泛不實，這是為學的大忌。離開教材，我稱之為「凌虛」，也就是於一切具體文字意義皆無所取，脫而神解，心無所得，那時真理彷彿昭然顯現眼前，也就在那一刻，才能將蚊子看成鶴鳥。朱自清〈荷塘月色〉中描寫荷葉出水很高的情景說：「像亭亭舞女的裙子」，也是同樣的道理。這種文學的思維，正是語文教學的目的。

楊樹達曾經說過：「凡讀書有二事焉：一曰明訓詁；一曰通文法。訓詁治其實，文法搗其虛。」一虛一實，讀書要虛實互用可以得到證明。

在作法上要分合兼施

語文教學在作法上，要分合兼施。教材中的詞語很多，我們要去分析、探求，不憚其煩地使學生了解。讀書最忌囫圇吞棗，註釋的模糊會妨礙學生對課文的理解。中國的辭書都是以詞釋詞，如果我們完全以之來解釋課文，必然會產生問題，因為它都是「混言」，我們應再做「析言」的工夫。這點看來容易，實際上問題很多，但這是改進教學很重要的一個關鍵。

分析之後，必須再加以綜合。分析要求其精細、詳明，綜合要求其宏遠。所有的析義是為了綜合文義而做的基礎工夫。「綜合」是尋求全篇文義的系統、條理、主旨。如果只詳細分析詞義，不理會全文的統貫性，則浮幻不實。「綜合」是要使學生接觸的詞語化為永恆的情懷，認識詞語只是片段的記憶，只有剎那的生命；永恆的情懷則是真理的體悟。假如從片段的詞語去理解，則文學作品將一無是處。例如朱自清的〈背影〉，寫父親為兒子爬月台、買橘子，兒子就感動得掉下淚來。這篇文章如果只看表面，則爬月台是違反交通規則，兒子暴露父親的缺失，豈不是大不孝？其實不然，我們必須理解，這裏的「背影」不僅是買橘子的背影，而是父親一生為子女、為家庭奔波辛勞的背影，祖母死了，家道中落，兒子又要出外讀書，上下兩代的責任都壓在父親一人的肩膀上，使他父親一生都在爬月台呀！而且在「離大去之日不遠」的情況下，還在爬月台，這才是作者要表達的真正主旨。

神農嚐百草，那只是個開始，必須很多人研究、綜合，才有後來《本草綱目》的問世。語文教學必須如蜜蜂釀蜜一般，別看蜜蜂的一滴蜜汁好像微不足道，那是採百花之蜜後的結晶呀！學生需要的不是花粉，而是蜜汁，這蜜汁必須由教師採百花之蜜，加以綜合才能產生。只有這樣，才能達到預期的教學效果。所以，語文教學除了個別的理解，還需要各方面的整合，由點而面，分合兼施，讓學生在詞義解釋外，還有綜合的體悟才行。

在目的上要美善結合

語文教學的目的是美善的結合。我們必須引導學生全方位了解教材，而不是只求單一的價值，這才是真正的教學目的。舉例來說，《史記・刺客列傳》中敘寫荊軻刺秦王的故事，後有一段提到太子及賓客在易水送別荊軻，高漸離擊筑，荊軻和而歌，唱道：「風蕭蕭兮易水寒，壯士一去兮不復還！」然後怒髮沖冠，終已不顧的去了。其實這一段描寫是司馬遷虛構的，何以見得？因為前面提到燕太子丹要報仇，田光以年老推辭，改薦荊軻，於是太子說這是「國之大事」，請他「勿泄」。而田光在轉達荊軻並獲應允後，為保守國家機密，立刻自刎而死。這與後面在易水上大事宣揚的舉動看來，顯然極不協調。

文學作品可以虛構，歷史怎可虛構呢？我們知道，歷史要求真，文學要求美，但求美不能違背事實。不論荊軻如何慷慨激昂，刺秦失敗終究是歷史的事實，所以歷史之不易寫，原因即在此，而《史記》的價值也在於此。藝術家的繪畫，不像照相的「真實」，但二者的價值也不可以道理計，同樣的，司馬遷要表達的是荊軻的「神」呀！易水高歌成為為國犧牲的代名詞，這原本並不好寫，但我們因此被感動，這個故事也因此流傳久遠，就因為它「傳神」。這是藝術，是寫生，不是照相，雖不完全真實，但有美的價值。我們了解課文要從這個角度入手。只有美、善結合才是真，我們教學的目的，正是要引導學生了解教材中的這種境界。

又如褚少孫的《補史記》中有〈西門豹治鄴〉一文，寫到西門豹為鄴令，問民之所疾苦，曰：「苦為河伯娶婦。」官吏與女巫勾結，每年投一女入河中，從中斂財。西門豹知難以禁止，遂在娶婦之時，前往參加，故意說河伯婦不夠漂亮，而將女巫投入河中，謂欲其入報河伯，待更求好女，日後再送去。這是以其人之道還治其人之身，一連再投三個女弟子、一個「三老」。這「三老」是地方教育長官，竟容許這種迷信的行為，而未盡到教育百姓、破除迷信的本分，所以該死。如此一來，吏民大為驚恐，西門豹也不說這是迷信，而只是故作輕鬆地說：「狀河伯留客之久，若皆罷去歸矣。」從此，再也沒人敢說要為河伯娶婦。這種惡俗因此不禁而自禁了。

然而單是禁止還不夠，因為若颱風水災發生，還是無法向百姓交代，於是他發民鑿渠，引河水灌溉民田，百姓皆得水利，因此安居富足。這個故事中，正含有「善」的意義在其中。文章外表看來是滑稽，寫起來美，其實是善呀！這類例子很多，限於時間，不再贅述。

總而言之，我個人認為，語文教學在理論上說，要虛實互用；在方法上說，要分合兼施；在目的上說，則要美善結合。這三點是我認為在國語文教學上可以思考的新方向，提供大家參考，還請多多指教。

原載於《國文天地》第122期
民國84年7月，頁72～77

給國文科教師新鮮人的一些建議

孫秀玲

「前世殺了人，今生教國文」，第一次遭逢這句名言時，除了驚駭還夾雜著幾許莫名的錯愕。爾後，當自己也站在講堂中，面對學生對待國文以漫不經心，甚或輕忽的態度時，方才了然陳幸蕙老師這句名言的大旨！尤其在批閱學生的作文時，每有陳子昂的「愴然淚下」之淒楚！

所幸，經由學姐的熱心指導，經驗傳授，加上自己孜孜矻矻的摸索學習，三年來在教學相長中與學生們建立良好的師生情誼之餘，更大的收穫是提高了學生學習國文的興致，並且由國文課程中求得治學的方法。

一般人多半認為教國文這事易於折枝，祇要熟讀一本《古文觀止》，照本宣科，便能通行四海，天下無敵！而多數學生對國文的印象也泰半停留在背誦古文，死記一些名人的名言，或成語、詩詞，其他則乏善可取！莫怪國文在大專院校的地位，急遽滑落，幾有失守之危。其實，假若有心，即可發現國文教學仍蘊藏許多寶礦，端看執教者如何「溫故知新」，從傳統中汲取新意，傳授給學生。而國文教學中最吸引人的特色即在於其內容包羅萬象，往往一篇課文當中兼容了天文、地理、甚至風土、民俗各方的知識。執教者若能在講課時引申、旁涉一些相關的掌故、史實等，定能提昇學生們的興趣。然而如何才能豐富課程的內容，使之生動、有內涵呢？別無其他，仍有賴平時及課前的充分準備，唯有事前的萬全預備，才能使學生有「如沐春風」之感。今試以「作者資料」、「課文資料」、「相關史事」三部分，僅就管見所及，提供一些建議，及相關的書目，作為初執教筒者的教學參考。

一、作者資料

多閱讀一些文學家傳記，或名人軼事的書籍，或可增進學生對作者的認知。這類書籍要目如下：

- 屈原　郭維森著　中國古典文學基本叢書
- 司馬遷和史記　胡佩韋著　中國古典文學基本叢書
- 曹氏父子和建安文學　李寶均著

- ●阮籍和嵇康　徐公持著
- ●陶淵明　廖仲安著
- ●鮑照和庾信　劉文忠著
- ●初唐四傑與陳子昂　沈惠樂等著
- ●劉禹錫　卞孝萱等著
- ●蘇門四學士　周義敢著
- ●李清照　徐培均著
- ●辛棄疾　夏承燾等著
- ●關漢卿　溫凌著
- ●馮夢龍和三言　繆禾著
- ●王國維和人間詞話　祖保泉等著
- ●竹林七賢研究　何啟民著
- ●唐宋八大家評傳　張樸民著
- ●中國古代著名文學家　山東教育出版社
- ●民國名人軼事　伍稼青輯
- ●書和人　國語日報出版社

這些入門書籍，載有著名文學家的生平，兼及其時的重要文學活動和流派，並介紹分析重要作品的內容特色，可以快速提供所需作者的背景資料。

二、課文資料

課文資料約可區劃為「章法分析」和「課文賞析」二部分。其中章法分析對於講解文言文尤為不可或缺，因此，若能加強課文的章法分析，當能有效提升教學的層次。這類書目有：

- ●古文析義　林雲銘著
- ●桐城吳氏古文法　文津出版社
- ●評註文法津梁　宋文蔚著
- ●歷代文選分類詳註　黃登山編著

另外，課文賞析的部分，可參讀的書籍很多，目前坊間便有各式不同的古文鑒賞之書籍，名目繁眾，不勝枚舉，以下列舉數本，備供參考：

- ●古典文學名篇賞析㈠㈡　何純、萬雲駿等著
- ●古代漢語上、中、下　北京出版社

●古文觀止新編上、下　錢伯城
●古文鑑賞詞典　江蘇文藝出版社
●中國古代文學作品選　翁德森等編
●歷代名篇賞析集成（上、下）　中國文聯出版社
●中國歷代文選（上、下）　人民文學出版社

至於其他古文賞析的參考書籍，則可參閱王志成教授〈關於古文賞析的書籍〉一文（刊載於《國文天地》7卷9期81年2月號）。

三、相關史實

史事與掌故的加入，不僅能為學生增廣見聞，並且也能加強學生的史學知識，有時更能補充課文所載之不足，甚或修正其中的錯誤，因此多方參閱史書是必需的。可供參考的書籍包括：

●春秋戰國史話　北京出版社
●中國史常識（四冊）　弘文館
●歷代宮廷秘史（共五冊）　萬卷樓圖書公司

- 科舉史話　王道成著　萬卷樓圖書公司
- 中國皇妃秘傳（日）駒田信二著　湖南大學
- 拍馬小史　黃山書社
- 二十一個亡國之君　孟昕伯等著　吉林文史出版社
- 常用典故辭典　上海辭書

此外，語文資料的整理，相關學科知識的補充，同樣也能豐富上課的內容，提高學生們學習的興致。而這類書籍則有：

- 文言虛詞淺釋　北京出版社
- 文言常識　張中行編　人民教育出版社
- 有趣的中國字　楊振良　國文天地
- 怎樣學習《說文解字》　章季濤著　萬卷樓圖書公司
- 臺灣語言源流　丁邦新　台灣學生書局
- 知識溯源大全　田宗躍等編　江蘇科學技術出版社
- 百科知識十萬個為什麼　江蘇科學技術出版社

除去書籍之外，雜誌上及報刊上也有許多可資運用參考的資料，如《歷史月刊》、《國文天地》、《中央日報》的副刊等。

以上所舉列的書目，多為筆者教學時所參考的工具，但並非絕對適用於每一位老師，僅可作為參考。

除去課前的教學資料的整理準備是基本必需的要務外，另一項重要的因素就是健全的心理建設，也就是表現適切的自信及謙虛。若能保有「傳授己有，接受己無」的態度，當能與學生建立良好的雙向溝通，從而由密切的師生關係中，達到「教學相長」之境，若能如此，便應可成為一位誨人不倦的良師罷！

附記：

謹附上近十餘年來，刊載於國內期刊上有關國文科教學的論文目錄，計有卌五篇，提供給從事國文教學的老師作為教學前的參考：

篇　名：大學國文問題會診
刊　名：國文天地
卷期年月：2卷3期　總號15　民75.08
頁　次：頁12-41
部份內容：1.國文教育的新方向（沈清松），頁12-14
2.大一國文能否負起文化傳承的責任？（鄭志明），頁14-16
3.「問題重重的大學國文」座談會（林慧峰記錄），頁19-24

4.大學國文教學範例（鄭志明），頁40–41

篇　　名：革新大一國文教育
刊　　名：國文天地
卷期年月：4卷7期　總號43　民77.12
頁　　次：頁9–28
部份內容：1.「革新大一國文教育」座談會（王熙元主持衣若芬記錄），頁10–17
　2.革新大一國文教學之我見（簡宗梧），頁18–19
　3.大一國文的加減問題（王文顏），頁20–21
　4.論今日「大一國文」的必要性（張雙英），頁21–25
　5.來自學生的聲音——大一學生心中的國文（為之），頁26–28

篇　　名：當前大學國文教學改進之觀察與省思——以清華大學、政治大學、臺灣大學為例作者：何寄澎
刊　　名：教育資料集
卷期年月：15期　民79.06
頁　　次：頁185–195

篇　　名：是大一國文還是高四國文？
作　　者：喬衍琯
刊　　名：國文天地
卷期年月：5期　民74.10
頁　　次：頁52.55

篇　　名：國文教學面面觀——談國立臺灣師範大學國文教學的回顧與展望
作　　者：蔡宗陽
刊　　名：教學與研究
卷期年月：14期　民81.06
頁　　次：頁115-130
附　　錄：學生國文及國音能力評量辦法等，頁125-130

篇　　名：國文教學的革新
作　　者：巫仁和
刊　　名：師友

卷期年月：163期　民70.01
頁　　次：頁25-26
篇　　名：國文教學之反省與管見
作　　者：嚴紋明
刊　　名：中華雜誌
卷期年月：267期　民74.10
頁　　次：頁51-53
篇　　名：國文教學的三個層面
作　　者：王熙元
刊　　名：教學與研究
卷期年月：5期　民72.06
頁　　次：頁147-152
篇　　名：談國文教學法
作　　者：張崇聖

刊　名：教與學
卷期年月：民73.02
頁　次：頁20-21

篇　名：國文教學之評量與設計
作　者：萬靜宜
刊　名：教師天地
卷期年月：54期　民80.10
頁　次：頁69-72

篇　名：為國文教學走出一條活路
作　者：蕭麗華
刊　名：國文天地
卷期年月：2卷1期　總號13　民75.06
頁　次：頁88-94

篇　名：創造性的國文教學

作　者：林韻梅
刊　名：中國語文
卷期年月：57卷2期　總號338　民74.08
頁　次：頁14-24

篇　名：國文科教學方法動動腦
作　者：齊衛國等
刊　名：國文天地
卷期年月：6卷10期　總號70　民80.03
頁　次：頁10-50

篇　名：國文教學重在生活化
作　者：陳清安
刊　名：師友
卷期年月：175期　民71.01
頁　次：頁22-23

篇名：國文新教學嘗試之1—以〈秋聲賦〉談生活化教學
作者：蘇怡靜
刊名：南榮師鐸心聲
卷期年月：1期　民82.09
頁次：頁46-53

篇名：國文新教學嘗試之2—以〈秋聲賦〉例說創作法教學
作者：劉寶玲
刊名：南榮師鐸心聲
卷期年月：1期　民82.09
頁次：頁54-56

篇名：豐容倩飾話教學：從表情上更新大一國文的教法
作者：楊振良
刊名：國文天地
卷期年月：2卷5期　總號17　民75.10
頁次：頁86-89

篇　名：國文課堂內的新課題
作　者：周純一
刊　名：國文天地
卷期年月：1期　民74.06
頁　次：頁18-19

篇　名：國文科範文教學「課前預習」之研究
作　者：王更生
刊　名：中等教育
卷期年月：33卷1期　民71.02
頁　次：頁9-14

篇　名：文字學與國文教學
作　者：曾忠華
刊　名：人文及社會學科教學通訊
卷期年月：1卷2期　總號2　民79.08

頁　　次：頁11-15

篇　　名：「六書」在教學上的應用
作　　者：陳宜楠
刊　　名：國教輔導
卷期年月：29卷4期　民79.04
頁　　次：頁19-22

篇　　名：「作對子」和國文教學
作　　者：何永清
刊　　名：國文天地
卷期年月：4卷7期　總號43　民77.12
頁　　次：頁102-104

篇　　名：謎語在國文教學上的應用
作　　者：黃忠天
刊　　名：國文天地

卷期年月：8卷7期　總號91　民81.12
頁　　次：頁92-100

篇　　名：淺談虛字教學——並試解「曾無倦色」
作　　者：鍾吉雄
刊　　名：中國語文
卷期年月：50卷2期　民71.02
頁　　次：頁55-58

篇　　名：訓詁與國文教學(2)——文字篇
作　　者：董俊彥
刊　　名：中等教育
卷期年月：42卷5期　民80.10
頁　　次：頁74-82

篇　　名：修辭學在國文教學上的運用
作　　者：蔡宗陽

刊　　名：中等教育
卷期年月：33卷1期　民71.02
頁　　次：頁50-57

篇　　名：譬喻與比擬在國文美感教學上的展開
作　　者：吳秀餘
刊　　名：國文天地
卷期年月：3卷3期　總號27　民76.08
頁　　次：頁95-100

篇　　名：中文教學與唐詩
作　　者：張席珍
刊　　名：中華文化復興月刊
卷期年月：21卷5期　總號242　民77.05
頁　　次：頁37-45
附　　錄：初讀唐詩教材類　編目次稿，頁40-45

篇　　名：以國中國文課程為例淺談律詩與絕句於教學上運用之技巧
作　　者：洪武吉
刊　　名：師友
卷期年月：190期　民72.04
頁　　次：頁46-48

篇　　名：駢文典實的探討：國文教學研究三之一
作　　者：張學波
刊　　名：中等教育
卷期年月：36卷5期　民74.10
頁　　次：頁24-28

篇　　名：章法分析與國文教學
作　　者：林銀森
刊　　名：中國語文
卷期年月：51卷1期　民71.07
頁　　次：頁19-23

篇　名：教學示例：顧炎武〈廉恥〉
作　者：楊鴻銘
刊　名：國文天地
卷期年月：5期　民74.10
頁　次：頁43-47

篇　名：怎樣教〈桃花源記〉
作　者：郭麗華
刊　名：國文天地
卷期年月：8期　民75.01
頁　次：頁91-95

篇　名：怎樣教朱自清的〈春〉：語體文教學實例
作　者：曾忠華
刊　名：國文天地
卷期年月：7期　民74.12

頁　　次：頁86-89
篇　　名：談寫作教學
作　　者：黃維樑
刊　　名：國文天地
卷期年月：1期　民74.06
頁　　次：頁20-25

原載於《國文天地》第112期
民國83年9月，頁76～81

國文課的新天地

——關於國文教法的一些體驗

連文萍

美麗的回憶

記得以前曾在雜誌上策畫「國文科教學新方法動動腦」專輯，有不少好朋友共襄盛舉，撰文發表他們教學的新嘗試，那時的心情是很感動的，尤其是知道有這麼多求新求變的國文老師，在為開展國文課更美好的明天而努力。現在，我也站上講臺，感受到國文課在教育體制下的「弱勢」，例如大學及專科的國文必修學分減少、學生輕忽敷衍的求學態度等等，也就愈發自我鞭策，思考如何讓國文課不只是和古人作朋友，國文課如何開啟學生的心靈。

在東吳大學任教一年多來，我將所帶的班級當作「實驗班」及「資優班」，也把學生當作親愛的學弟、學妹看待，而將以往編雜誌得到的啟示及自我的想法，化作一個個教學嘗試，所得到的成果還算不壞。我想到《國文天地》的好朋友們在這個領域努力多年，何妨把自己的小作法寫出來，請大家指教，如果我這塊「磚」，能夠引出更多玉石，那就最好不過了。

大家來組讀書會

在教授《莊子・養生主》這一課時，由於學生對這一課還算熟悉，所以沒有花太多的時間在字詞析賞上頭，反而由「老聃死」一節，切入莊子對生死的看法，並進而結合近來開始受到注意的「死亡學」議題，包括傅偉勳教授致力研究死亡學的心路歷程、歐美學界對於死亡學的態度及文學作品等等，我發覺這樣的議題關係人生且為尋常經驗，學生的興趣很高，有的學生還會主動結合電影情節或醫學界安樂死、尊嚴的死等問題，提出看法，他們對於志文出版社以前出版的一本《死的況味》，也表現相當的興趣，不少學生還是第一次接觸志文的這套翻譯論叢《新潮文庫》，因為以前都覺得它們太老、太硬，要不然就是根本沒有閱讀課外書的習慣。由這裡，我看到學生其實人人有話要說，也能主動思考，但受限於上課時間及傳統的教學方式，他們沒有這個機會和空間。「壓抑」太久，實在是不健康，所以我用社會上時興的讀書會形式，讓學生有不同感受。

讀書會的組成，全然由學生自主，但有人數的限制，大約以五至八人為理想，以免有人受到冷落。讀書會組成之後，要取個名字，並在課堂上利用簡短時間說明其寓意或自我期許，而後連同組員名單，提交老師存查。所讀的書並不硬性規定，開放學生自行投票選書，但會先提供一份參考書單，以備參酌，由於東吳大學採取自由選課制度，班級成員來自各系，因此同意學生選書時可以某種程度的切合所需，如經濟系的讀書會可選讀澤榮一的《論語與算盤》、法律系可選讀《東萊博議》等，又考慮到學生書可能看不完，或討論問題因為無法集中而空泛，所以也允許學生集中火力探看部分篇章，但不能因而投機，以防老師抽問。至於讀書會的場地、集會次數亦由學生決定，但必須錄音記錄，並作成書面報告，以作為期中考成績。

大體的設計是如此，施行後的效果很好，首先在尋求讀書會成員時，學生就顯得相當熱心，因為是大一新生，不少同學因此而熟識起來。為讀書會命名也是個學問，我記得有個「風簷」讀書會，就是取「風簷展書讀」的涵意，十分雅緻。而成員之間票選的書，也相當五花八門，一些知名度高或排行榜上的書，如《青年的四個大夢》、《赫遜河畔談中國歷史》等，較得到同學青睞，上課提及的《死的況味》，也有兩組加以討論。各組所提交的報告，大抵差強人意，有一組認為文字給予了局限，所以隨文附上錄音帶，請老師感受氣氛；有一組更具創意，使用錄影機全程錄影，不但有聲音還有畫面，這個點子，據稱是某同學洗澡時的靈機一動，這種「不敢一日或忘」的誠意，是我得到的很好回饋。

嘗嘗參加座談會的滋味

以往當主編時，常舉辦座談會，邀請的對象都是各領域的傑出人士，高中剛畢業的小蘿蔔頭很少有受邀的機會，如果讓他們來試試看，說不定可以將他們由傳統的受教習慣中解放出來。我首先尋找適合的座談議題，發現新竹師院王志成教授在《國文天地》發表的〈四十年來大陸高考作文試題鳥瞰〉一文，可以結合臺灣四十年來日、夜間部大學聯考作文試題，讓剛通過聯考洗禮的這群新鮮人比較一下，談談心中的看法。首先，發給學生王教授的文章及國內大學聯考的所有作文題目，請他們回家自行比較，並在稿紙上擬寫發言稿。爾後，利用兩堂作文課的時間，召開「大一新鮮人談海峽兩岸大學聯考作文試題」座談會，由我擔任主席，並徵求同學幫忙錄音、攝影。座談會結束後，則收回學生所寫發言稿，作為一次作文成績。

座談會剛開始時，雖然大家都或多或少寫有發言稿，但觀望者多，缺乏「義勇急先鋒」，因此必須先告訴他們座談會的精神和進行方式，避免淪於點名發言。漸漸的，有人主動舉手，到後來是爭相發言，欲罷不能。整體而言，學生的表現至少可以打八十分，但有些情況，如發言時間的控制，主席必須加以掌握，甚至可以以按鈴等方式提醒，以便使座談會進行流暢；又如發言內容雷同或重複，主席亦應該加以引導，以使討論的面相更加開闊。座談會後，我將錄音作成記錄稿，並提供《國文天地》以「回應與挑戰」的方式刊出，這除了是閱讀王教授文章的迴響，也是我們師生相處的最好紀念。

我也是廣播節目的主角

東吳大學上學期國文課上的是國文文選，下學期則是由教師依照自己專長個別開課，我開的是「詩歌選讀」。在課程進行中，我開放期中考的機會，由學生自行製作詩歌廣播節目。這個構想其實以前主編雜誌時，就有世界新聞傳播學院林素蘭講師在〈假如「愛蓮說」這樣教〉一文中提到，主要基於指導學生製播廣播節目的需要，另方面，該校亦有相關設備，有利於製作，我記得，林老師當時提供了二十捲錄音成品贈送讀者，獲得相當迴響，數量還追加不少。但是，東吳大學並沒有正規的錄音設備，這個嘗試可行嗎？結果是，學生還真「天才」，他們表現出奇的好。

由於廣播節目深入大家的生活，各節目的製播也趨於活潑生動，學生在得到這個題目時，顯出十足的興趣，有兩位同學還希望不加入分組，自己獨立製作，我想，他們大概準備以一人主述的方式帶動節目，有其他組員反而不適合，所以也就同意。學生收集資料必須考慮節目進行方式、內容、音樂等等的配合，其中從策畫到收集、研讀資料、錄音的種種過程，都是前所未有的體驗，其學習效果比靜態的報告寫作更佳。這個教學活動的設計，還把評分的部分權利交給學生，也就是事先發給同學一張評分表，上頭畫有表格，分別主題表現、內容架構、音樂搭配、錄音效果等項目，下附記事欄，前者以「正」字計分，最佳即給予五分，最後以總分合計最高者為最優；後者則是綜合評價，以文字記錄優缺點，以便講評，然後將各組錄音帶讓全班收聽，每個帶子聽三十分鐘，事先不公布製作組別，所以每聽一個帶子都是驚喜，也讓評分較趨於客觀。

學生所選擇的題材新、舊詩都有，有採用優美女聲或男聲主述；有採用訪問形式，同學扮演師大系主任、中研究院士、香港中文大學教授等接受主持人訪問；有收集詩歌吟誦錄音帶，作深入介紹；有編寫詩歌廣播劇；也有調查班上同學最喜歡的詩歌，製作詩歌排行榜，五花八門。而由於大家的錄音手法都很克難，所以部分帶子的承接有雜音或偶而出現失控場面，往往全班笑成一團，情感可謂充分的交流。若比較由老師單向灌輸的一言堂式上課方式，學生的注意力不但較為集中，且由於各個錄音帶的題材不同，加上吟唱或音樂的搭配，也使學生的接觸面變得寬廣有趣。活動的最後，是由學生推出一名主席，討論投票選取前三名的方式，然後選出監票、唱票及計票人，開始進行投、開票，過程緊張懸疑，各組互有先後，選出前三名後，還有同學自由講評，而不論名次或講評，都成為老師打分數的重要依據。這個教學設計，給予學生充分的自主性，老師變成一個受邀參加的旁觀者，甚至只作播放錄音帶服務，是個不同體驗，惟活動所需時間較多，若有教學進度壓力，就必須加以調整改良。

走出一條活路才有希望

國文課所以不被重視，有很大的原因在於與現實脫節，換句話說，就是一種「死」的學問，其實絕大多數的國文老師並不甘於趕課或解釋語譯，但不趕進度就教不完，不解釋語譯學生就看不懂，無奈和無力似乎就這麼循環。我想，如果多進行些與學生心靈或生活貼近的活動，代替作業甚至考試，他們可能樂於接受，也願意花課餘的時間從事，這樣的話，國文教學的天地不是寬廣多了？

針對大學、專科的國文教學而言，不妨讓非中文系的學生多開發或思考所學領域的中文應用，如商學方面的學生可以探看廣告詞、商業招牌的文字藝術；法律系可以探討古人的論辯和翻案的思想或手法（據悉中興大學法律系即鼓勵學生讀《東萊博議》）等，而不論製作廣告、寫文案，精練適切的文筆，都是先決條件，其他領域也是如此，國文課能夠發揮的，實在很多，也很重要，但如果不能走出保守和傳統，趕上時代脈動，國文課所要面臨的將不只是學分被縮減或學生不重視的問題而已。

國文課能否有新天地，是我多年來一直思考的問題，現在似乎跨出較具體的一小步，可惜步履還不穩，盼望大家一起互勉互勵。

原載於《國文天地》第112期
民國83年9月，頁82～85

創新國文教學之前

——一位國中老師的心聲

馮聞

這是一個瞬息萬變，動亂不安的年代，廿一世紀轉眼將到，社會在變，人在變，學校教育自然不能抱殘守缺，改革勢在必行，教育部為了修訂八二年的新課程標準總綱已經連續召開各種層級的會議，廣徵四方的意見。我們今天教育出的子弟，十年後即是廿一世紀的人才，他們會是怎樣的人？的確是一個刻不容緩的研究課題，其中最基本的是本國語文教育，值此關鍵時刻，它該扮演何種角色？我們不妨深思反省，所謂「檢討過去，策勵將來」，或可提供一些未來應變的途徑吧！

國文科教學與目標

回顧七十二年國文科課程標準所立的目標，內心有太多的感慨。「增進學生學習國文的興趣，加強閱讀、寫作能力；同時養成倫理觀念、民主風度與科學精神，激發愛國思想，進而弘揚中華文化。」這麼一個大目標，我們該如何教學才能落實？

過去，受教的學生很單純，老師如何教，他便如何學；今天的學生則不然，我們教會他們思辨，他們就會用他所學到的方法質疑，包括教學目標、方式、內容。就以弘揚中華文化而言，過去的學生會記住一脈相承的儒家文化，堯、舜、禹、湯、文、武、周公、孔子等名字；現在的學生會問：中華文化為什麼只有儒家的才算？如果文化復興運動來自對抗文化大革命，文化為什麼只有政治方面的意義？復興文化只有教條嗎？只有國父、蔣公才能談嗎？古代科舉制度，獨尊儒家經典，以之取士，限制了人們思想；今天我們傳承文化，又以儒家文化為唯一目標，是不是也犯了同樣錯誤？

教學過程中，我們常要面對自己賣出的矛，硬生生地來攻擊自己的盾，固然心中有份喜悅，畢竟，這些孩子學會思考問題；但不可否認卻另有一些遺憾，何時我們才能坦然選擇我所認為對的教材？何時才能驅走學生反抗教條的意識，讓真真實實的學生，透過真真實實的教學，得到他對文化的認知，進而熱愛他的文化？

記得有一次聽蔣勳演講，談到臺灣文化，他認為，我們告訴學生文化的重要，或是文化是什麼，不如帶他走到臺灣的山野，尤其是先民開發的遺迹，讓他們置身在大自然裏，去感受環境對人的影響，而人怎麼去適應他的環境，那份愛是自自然然產生的。我做了次實驗，選擇一個黃昏時刻，帶一羣初三的學生去看關渡夕照，那一刻，我親眼見到被升學所困的學生，竟流露課堂上所見不到的「文學性」；在他們身上所欠缺的美感，一一又被尋回——我們今天的教育是如何戕害著他們的性靈，剝奪了他們學習之樂，談何目標！

理想與實現之間

升學主義有如魔障，有如夢魘，師生同陷其中，無法自拔，我們都有理想，卻都身在現實中，為了個人的生存在浮浮沉沉。尤其在國中階段，現實環境裏，英數理化掛帥，決定他的生死，因此，一週至少三天要去補習，加強英數理化，否則便不安心，家長也以這些科目成績考核子弟，雖然明知國文很重要，佔兩百分，但是只求速效，不肯讓孩子看課外書，有時指定學生查資料，家長會疼孩子，或是代查，或是指責老師找麻煩。

寫作文，沒時間；閱讀課外書，沒時間，那麼光憑課堂上幾課能提高多少程度？國文老師在這種潮流下又有多少空間可供發揮？

教學活動設計在大家動腦之後，愈來愈活潑，而媒體教具的配合，我們是該有更大的空間足可促進學生學習的興趣；可惜結果並不如我們心目中那麼理想。

記得在教國二課程〈黃河結冰記〉時，我借來「大黃河」錄影帶，配合課文，想引發學生討論的興趣。我在教學前的假設是：程度較好的學生應具「發現學習」的能力，教課後，直接讓他們看影片，最後再作討論，或許他們可以看出一些我所未察覺的地方；另一班程度較差，平時上課就不太專心，我在他們看影片時，隨機教學，可以提醒他們注意觀察事物。

實施的結果相當複雜，教學中出了變數。

兩個班級都樂於上視聽教室，按照我既定的步驟開始，片頭出現，馬上就有人說：「看過了！看過了！」我在旁提醒他們再去影片中找新的觀點；然而影片進行沒多久，不分程度的學生，就有閉目養神的，我提醒他時，他說：「真無聊！反正我看過了，用聽的就好！」影片告一段落開始討論時，有的孩子叫著：「不好看！」我預期那班程度好的學生會看到一些東西，結果，他們說：「結冰的鏡頭太短，我來不及看！」原來他只想看「黃河結冰」。

為了引發學生的人文思考，我的上課時間用得非常奢侈。我喚起他們的記憶，再出發，看那條大河對中國的影響，看人與天爭的畫面，看當地民風習俗與自然的關係，想像老殘遊歷的路上所見所聞……，眼看著有些種子被播了下去，一個下課鈴聲切斷了我的理想，兩天後，細細碎碎的試題分割了我的理想，再回頭，那只是一個活動而已。它一旦被升學考試所評價，偶而的漣漪又有什麼作用？

教學活動的設計與評鑑

我們這一羣執著的老師，在這多元化的社會中要對抗的事物太多。例如媒體刺激太多，學生在電視影片、漫畫中看的圖像，使得我們今天的教學媒體失色不少。學生在談未來國文科教材的問題時，他們希望課本如漫畫，蔡志忠的漫畫是範本；又希望上課看電影，玩遊戲，沒有考試。許多學生看過夏山學校，嚮往那種自在的學習，沒有制式的規範，我們可以理解這個年齡層學生的心理發展，他們會反傳統，不過，這些要求的確因時代不同而更顯重要。

當各科老師都在設計活動的同時，我們在課後發現：

一、在學年級愈高，活動經驗愈多，失去新鮮感，學生投入活動的熱誠會減低。

二、當老師教學時，活動設計花樣太多，學生投入活動眼花撩亂，易失目標。

三、許多教學用媒體太重目標，拍攝過程經學科專家指導，失去趣味，沒有吸引力。

四、活動歸活動，評鑑工作未能適時回饋，對教學而言沒有幫助。

設計活動是為了提高興趣，增進學習的效果，因此目標的掌握很重要，我們針對上述一些缺點，是否有更妥善的對策呢？

創造思考教學是安排一個情境，使學生朝著學習目標有意義地創造思考；同樣地，教學活動設計應該掌握每一種教材的精神去發揮；另外多元化的社會常因多元而亂，是我們在設計活動時要小心避免的。其實，一個看似平凡的活動也有它的功效，我認為，我們不要過度迷信活動的形式，真正的創造是在單純中化腐朽為傳奇！

〈我心目中的世界〉一文，就文字而言，翻譯的語文邏輯與中文不同，談它的文章章法並不妥當，然而愛因斯坦這個人，與他在文中所談到的一些觀念，卻給了我們一些啟發。這是我在教學過程中頗有心得的一課。

那堂課，我開放給所有學生來談他心目中的世界，有人談的是如陶潛的桃花源；有人談的是倪匡式的科學幻境；有人訴說優勝劣敗，適者生存，斯巴達式的訓練；有人要無政府……，一個個說完，我總結他們的說法，抛出一個問題：人人都希望在自己心目中的世界過活，萬一彼此的理想不合怎麼辦？

探索這個問題的過程裏，我們在「我」與「人」該如何共存上思考，用過「戰爭」、「妥協」尋求共識，我們經驗著「民主」。民主不是口號，它是解決問題的一種方法，我們終於明白愛因斯坦為何不喜歡寡頭政治，不喜歡暴力，因為解決人類的衝突，不該在壓制別人的方法下，迫使他人就範，這不正合孟子遊說諸王行仁政，使他人心悅誠服的道理嗎？再把這一觀念放在今天的世界裏看，對世局、處世態度又有更深的體認。

國文科教學是該有更開闊的空間，我們常受限於自己的教學不能由自己評鑑，段考為求標準化，統一命題，如何評鑑情意、態度？所以，考卷上出現：「請問下列句子……的修辭屬⑴譬喻⑵誇飾⑶擬人⑷對比。」請問有何意義？

八十年度高中聯招的趨勢是電腦化，我們國文老師的教學又要面對極大的考驗。我們希望學生懂得運用詞彙，懂得欣賞文學作品，懂得愛自己的文化，懂得自己與文化的關係，還有自己的責任，可是考卷上不認帳，又因語文運用常會見仁見智，不敢出題，標準答案限制了學生學國文的空間。

校內老師在教學之餘，常慨歎：為什麼我們身在多元化的社會，我們的教學評鑑只能如此，不能配合活動有多元化的設計呢？標準化固然保障了公平性，卻失去的更多。

原意只想設計一些活動，未料下筆開始，便不能不深思一些國文教學的現實瓶頸，我認為，這一個前提未解決，其下的探討都失去了意義。各位國文老師們，不知您在今天的教學環境中，如何面對多元化社會的挑戰？謹以此文向各位討教，我們或可為新課程提供一些意見。

省立臺北師範學院李道顯教授講評

作者以親身的經歷，談「多元化社會中國文科教學」所遭遇到的一些問題，並提出自己的看法或解決之道。雖然作者所遭遇到的困難，不是少數人在短時期內所能解決的；但他能夠把每個國文老師都可能遭遇到的問題提出，供「國中新課程修訂」者以及設計教學評鑑與教學活動的專家學者參考，就是這篇文章的價值所在。筆者認為：時代在變，教學的內容與方式亦應隨之而變；但國文科課程標準所立的目標不能變，譬如「以儒家文化為唯一目標」就是編輯者觀念的偏差，或處理的錯誤。至於如何肯定中國文化的價值？如何引導學生了解中國文化？進而熱愛中國文化？那就是教師教學方法的運用了。關於教學活動設計與評鑑的問題，固然升學主義與標準答案限制了學生學習國文的空間；但在無法改善「國文教學的瓶頸」之前，教師亦可利用有限的空間「化腐朽為神奇」，譬如〈我心目中的世界〉一文所設計的教學活動，即已收到預期的效果；相反地〈黃河結冰記〉一文的教學活動設計，則有待商榷。為了配合課文，引發學生討論的興趣，讓學生看「大黃河」的錄影帶固然好；但必須將所設計的教學目標於事先向學生提示，藉以啟發學生的思考，否則他們既然「看過了」，自然會覺得「無聊」！這不能完全歸咎於「升學主義的魔障」，老師的教學方法也應該因人、因事、因時而作適度的修正。

原載於《國文天地》第70期
民國80年3月，頁47～50

從文藝欣賞看國文科《論語》選教學

王更生

一、前言：《論語》是我國第一部有文學價值語錄體的散文集

我國文學源遠流長，根深葉茂，百花競放，萬壑爭流；三千年來不斷地增添精神文明，發展歷史上的光輝篇章。西元前十一世紀，先民的歌唱，經過後人的寫定而流傳至今。遠古的神話，文告、紀事，也經過後人的加工和潤色，而帶有濃厚的文學色彩。一是詩歌，一是散文。

我國文學老早就出現了這樣的兩種形式，也出現了兩種不同類型的作品。彼此既分道揚鑣，又相互滲透。迨及後世，更出現了小說和戲曲。繁榮滋長，代有傑作。於是詩歌、散文、小說、戲曲等，成了我國四股文學巨流，滔滔汨汨，流布在中華大地。

欲知中國詩歌的最初風貌，則《詩經》不可不讀，因為它是我國第一部詩歌總集。其中三百零五篇作品裡，特別是屬於十五國風的部分，確實反映了西周初年到春秋中葉（西元前十一世紀～六世紀），約五百多年的社會制度、人民生活以及風俗習慣等，所以孔子在《論語》裡一再地說：

關雎樂而不淫，哀而不傷。（〈八佾〉篇）

不學詩，無以言。（〈季氏〉篇）

誦詩三百，授之以政，不達；使於四方，不能專對，雖多，亦奚以為？（〈子路〉篇）

小子何莫學夫詩？詩可以興、可以觀、可以羣、可以怨；邇之事父，遠之事君，多識於鳥獸草木之名。（〈陽貨〉篇）

可見作者運用賦比興的手法，把風雅頌三種不同體裁的作品，不管是抒情或敘事，烘托得形象生動，感情熾烈，韻律優美，給我國的文學寶庫平添了一份珍貴財富，為中國歷代詩人和作家提供了質量極高的滋養。

如果說欲知我國詩歌的最初風貌，則《詩經》不可不讀的話，欲知我國散文早期的藝術成就，則《論語》更是不可不讀。這個說法，相信會得到大家的首肯的。因為《論語》是中國第一部具有文學價值的語錄體的散文集。它記載著孔子西元前五五一年到四七九年之間的言行語默，還旁及少數孔門弟子之間的故事。《詩經》在形象刻劃、抒情技巧上，達到很高的水準；《論語》便較多的運用精粹的語言，表達抽象的意念，以及具有一定深度的哲理。它不僅開闢了說理文字發展的先路，同時還為後世散文創作提供了遣詞、造句、敘述、描寫的範例；而其中的語言，又大部分被歷代文人學士所借用，至今仍具有一定的生命力。班固《漢書·藝文志》說：

> 論語者，孔子應答弟子、時人及弟子相與言而接聞於夫子之語也。當時弟子各有所記，夫子既卒，門人相與輯而論纂，故謂之論語。

劉勰《文心雕龍·論說》篇說：

> 昔仲尼微言，門人追記，故抑其經目，稱為論語。蓋羣論立名，始於茲矣。

以上兩家分別說明《論語》成書的緣起及其命名的由來。《論語》所以能成為我國散文發展史上的先驅作品，自然得力於孔子以及受孔子教導、培養的記錄者。毫無疑問，如果沒有孔子，就不可能有《論語》；同時，沒有孔門弟子的高水準的藝術修養，更不可能將孔子與弟子，和弟子與時人的聲音笑貌，記錄得唯妙唯肖，使其內容廣博，思想深邃，文采豐贍，語句整飭，處處閃耀著智慧和藝術的火花！

二、《論語》成書及其謀篇分章的狀況

《論語》全書分為二十篇，每篇又包含若干章；如〈學而〉篇十六章，〈為政〉篇二十四章，〈八佾〉篇二十六章，〈里仁〉篇二十六章，〈公冶長〉篇二十八章，〈雍也〉篇三十章，〈述而〉篇三十八章，〈泰伯〉篇二十一章，〈子罕〉篇三十一章，〈鄉黨〉篇一章，〈先進〉篇三十章，〈憲問〉篇四十四章，〈衛靈公〉篇四十二章，〈季氏〉篇十四章，〈陽貨〉篇二十六章，〈微子〉篇十一章，〈子張〉篇二十五章，〈堯曰〉篇三章。〈學而〉到〈鄉黨〉為上《論語》，〈進〉至〈堯曰〉為下《論語》，上下合觀，共四百三十九章，大約一萬六千字左右，平均每一章不到四十個字，最短的一章十個字不到，最長的如「冉有、公西華侍坐」章，也只有三百一十五字。總的說來，《論語》的各章安排，先後既無一定的體例，也沒有特別的意義，每章內容只有寥寥數行，令人感覺才剛開頭，就很快地結了尾。以如此簡短的體制，無疑地是造成它具有「簡約精美」特點的重要原因。

三、國文科《論語》選教學應重視「文藝欣賞」

現行國民中學國文教科書第一冊第二冊有《論語》選讀。第一冊選的是《論語》論學，共選了四章；第二冊選的是《論語》論孝，選了三章。各章都具有一定的主旨，透過主旨來看各章的教育價值，正可以給血氣未定的青少年，有一定的影響力。

有很多老師們或受考試領導教學的影響，或由於長久以來的習慣因素，在講授《論語》選時，大多站在倫理道德的立場去詮釋，把一個小時的《論語》選的課，變成了「公民道德」課，忽視了國文教學中「文藝欣賞」的使命。因此，今天我們從事教學的教師們，能否運用國文系和中文系的專長，透過語言藝術，來發揮《論語》選中的文藝價值，為青少年的學習，別開一條新途徑呢？這是值得深思的問題，這也是此次撰文的動機所在。說到這裡，建連想到宋人李耆卿在《文章精義》裡的話。他說：

> 論語為聖賢明經世之書，雖非為作文而設，但千古文章皆從此出。

清人方宗誠在他的《柏堂讀書筆記》裡，也講過類似的話。內容是：

> 論語之文，渾然天地之元氣，含蓄全不肯發揚；而實則包羅萬象，質實全不露精采，而實則光景常新。

足見《論語》各章的語言雖然簡短，其行文既精美絕倫，又蘊藏無限智慧。如果教師在進行教學時，能透過文法、修辭的藝術技巧，來加以點化，必可突顯《論語》論學、論孝各章的精義。不僅可以增進學生身心修養的完美，更可以借用《論語》的精煉語言，提升學生文藝欣賞的高度和為文運思的水準。

四、國文科《論語》選教學示例

以下按照現行國文教科書第一冊論學，第二冊論孝的順序，逐章說明：

一、教材：子曰：「學而不思則罔，思而不學則殆。」（《論語・為政》）

譯文：孔子說：「只是讀書，卻不去動腦筋想，就會迷惑不解；只是空想，卻不去用功讀書，就會猶豫不決。」

章旨：此章孔子認為學習和思考並重，不能偏廢。上句重「不思」，下句重「不學」，「罔」「殆」各承上看，俱在心上說，「學」「思」俱兼知行言。「罔」指內心昏昧，無自得之見；「殆」指內心疑惑，不知如何是好。可見徒學徒思，各有其弊。

賞析：用對偶句突顯學思並重之意，此為一例。按「對偶」是《論語》行文主要句法。因為對偶句式，形式整齊，音節諧調，容易取得語言效果。又以其兩扇對立，前後比照，讓人們在事物或事理的映襯中取得認識。不過，《論語》中的對偶句法，不如今人要求的嚴格，它只是在字數、句法、結構、內容上，大致相等、相似或相反而已。本章在音韻上並不和諧；但在句法上，上六下六，前後相等；在內容上，學與思，不思與不學，罔與殆，除兩「而」字、兩「則」字、兩「不」字固定不動外，「學」字、「思」字、「罔」字、「殆」字移形換位，作前後調整；在結構上，上下句間，沒有承接的詞彙；但在內在連繫上，卻字字相銜，絲絲入扣，一字增減不得。這種精煉的語言，真所謂：「簡言以達旨」了。

二、教材：子曰：「學如不及，猶恐失之。」（《論語・泰伯》）

譯文：孔子說：「做學問常像追趕不及似的，學到了一點兒東西還生怕丟掉了。」

章旨：此章孔子勉人加緊追求學問，鞏固所得，必須全力以赴。上句從用功說，下句從存心說；上句是未得而如不能得，下句是已得而猶慮其失，意義一貫，精神全在「如」「猶」二字。

賞析：這是用誇張手法強調努力向學之意。運用誇張的方法，旨在使別人看來明知其誇大或有悖常理，卻不覺得它失去真實性，反而獲得鮮明的印象和深刻的感受。像本章，孔子把做學問比成追趕東西，試想在這個「逝者如斯夫，不舍晝夜」的時光裡，面對無涯的知識海洋，真有「少壯不努力，老大徒傷悲」之感！言念及此，則「學如不及」的「如不及」三字，就顯得形象而靈動，再貼切不過了。最可惜的是人們讀《論語》，竟不考究這些，把它當成平常話說，輕輕帶過，而忽視了孔子當時以誇張的語言藝術，突顯勉人向學的期待情懷。

三、教材：子曰：「譬如為山，未成一簣，止，吾止也。譬如平地，雖覆一簣，進，吾往也。」（《論語·子罕》）

譯文：孔子說：「人之為學，譬如堆土造山，還有一筐土沒添上，便停止了，此人前功盡棄，我不同情他。又譬如平地造山，縱然剛剛倒上一筐土，此人如立志前進，我還是讚許他。」

章旨：此章是孔子藉堆土造山的比喻，說明為學的成敗，要在自己持之以恆，不可半途而廢。

賞析：這是通過一正一反的比喻，說明一個人為學進德的兩種情況：一種是半途而廢，不能堅持到底；一種是作始也雖簡，卻矢志不懈。這個鮮明的對照，使自暴自棄與努力進取的精神，有了豐富而深刻的內容；不僅提高了語言藝術的高度，同時，較直接勸說，更具有說服力。後世將此章文字濃縮而成「功虧一簣」的成語，言簡意賅，膾炙人口，足見《論語》雖非文學作品，但在語言運用上，的確長久地影響著中國人的思想，哺育著歷代的文人學士。

四、教材：子曰：「賜也，女以予為多學而識之者與？」對曰：「然，非與？」曰：「非也，予一以貫之。」（《論語・衛靈公》）

譯文：孔子說：「端木賜呀！你以為我是個博學強記的人嗎？」子貢回答說：「是的，難道不是嗎？」孔子說：「不是的，我只是掌握最高原則，讓它去貫穿一切事物之理。」

章旨：本章孔子指示子貢，為學要探本窮源，融會貫通。文中「多」字「一」字相對成文，多在事物，一在己心。「然」字衝口而出，蓋子貢據平日所見如此；「非與」接口即來，因今日提撕，忽有見地。迨孔子與他印證後，則一理洞然，萬象畢照。立刻了然於心。

賞析：這是以問答法揭示學貴有本的一章。《論語》記載孔門師弟的事情很多，但專門談志學問道的，一見於〈里仁〉篇：「參乎！吾道一以貫之。」，再見於〈衛靈公〉篇：「有一言而可以終身行之者乎？」三見於本章，這三次第一次是孔子與曾參的問答，第二與第三次，皆孔子與子貢的問答。問答法用在作品中，其語言藝術至少要突顯兩個特點：一是短捷，不拖泥帶水；二是表現個性，不矯揉造作。這兩者在本章行文中均呈現得淋漓盡致。例如開頭孔子直呼子貢之名，「女以予為」，足見平時子貢就以為孔子是一個「多學而識」的老師，所以孔子才隨機施教，就其所知加以開導。「然，非與？」「然」字快捷，乃就平日所得，衝口說出，繼而又以「非與」反問，在「然」與「非」之間，時間極短，轉變極快，真有靈光乍現，石破天驚之感！其中暗藏多少智慧？多少穎悟？大夢初醒，別有所見。孔子的「非也」，「也」字鍼對上句「與」字發，「予一以貫之」鍼對首句「女以予為多學而識之者與」言，前呼後應，不僅概括得十分周密，而且簡明精確，既含蓄又富有啟發性。現在容我們回味他們師弟之間的這一段對話，簡短、生動，性情的流露，智慧的火花，如見其人，如聞其聲！其中對曰：「然，非與？」曰：「非也，予一以貫之。」師弟問答極具戲劇性的變化。一方面可以看出子貢的機智，一方面可以看出孔子的思想，始終給學生以啟發性教誨，且由此可見師生相得益彰，得天下英才而教育的樂趣。

五、教材：子游問孝。子曰：「今之孝者，是謂能養。至於犬馬，皆能有養；不敬，何以別乎？」（《論語・為政》）

譯文：子游問甚麼是孝道？孔子說：「今天之所謂孝道，只要能養活父母就行了。至於犬馬都能夠得到飼養；如果孝順父母不心存尊敬，那和飼養犬馬有甚麼分別呢？」

章旨：本章言孝道的實踐，要孝行與孝心合一，不但要做到口體的奉養，更要盡到內心的虔敬。「敬」字最為重要。蓋此「敬」乃小心崇奉，不敢怠忽意。子游是個簡易的人，事親必有所疏忽而不敬之處，故孔子危言以警之。

賞析：以反問、省略、對比等各種語言技巧，交互運用，以說明敬親為孝的真諦。《論語》中記錄孔子言行，有輕鬆多采的一面，也有板著面孔說教的一面，本章就是表情嚴肅，措詞峻厲，不可逼視的例子。本來談「孝道」，就不是一個輕鬆的課題，何況子游不拘小節，平時奉養父母可能有失檢之處。故孔子就著子游之問，提出古之孝者，能養能敬，而今天所謂孝，只要做到口體之養，飽食暖衣就行了。講到這裡，話鋒一轉，以「犬馬」比「父母」，犬馬皆能有養，如果「不敬」，則父母之養，「何以別」於犬馬之養？「乎」字在喚醒天下子女，事父母盡孝當知所敬。義正詞嚴，不啻對子游作當頭棒喝！回顧全章，寥寥二十八字，有問有答，有反問，有省略，有古今的對比，人畜的對比，千迴百折，目的只在開示一個「敬」字。而在默讀一遍之後，我們捫心自問，孔子的耳提面命，真如同晨鐘暮鼓，尤其在這個物慾橫流的時代，更具有嶄新的意義和啟發。

六、教材：子曰：「子夏問孝。子曰：「色難！有事，弟子服其勞，有酒食，先生饌。曾是以為孝乎？」」（《論語・為政》）。

譯文：子夏問甚麼是孝道？孔子說：「難在子女在父母面前經常和顏悅色！有事情，年輕的替他（她）效勞，有美酒佳餚，年長的吃喝，這樣難道就可以叫做孝道嗎？」

章旨：本章旨在說明子女盡孝要和顏悅色，曲意順從，只做到口腹之養是不夠的。全文只重「色難」二字。因為服勞役，有力者能之，奉養，有財者能之，惟有「色」，出於天性，不可偽裝，故曰「難」。

賞析：此章運用先總後分之法，提示孝道的精義。子游子夏在孔門，雖都以文學見稱朋儕，但在孝道上卻各有所偏，於是孔子藉各人之問，分別點化。這一章是孔子先提重點，再作分析說明。目的在強調「色難」二字。蓋子女盡孝，以順為主，不順不孝，而順的行為表現，在於和顏悅色；而「色」之所以「難」，難在本於心，不是可以偽裝的。所以「色難」二字為本文重點，以下兩例，皆就地取材，就眼前之人，眼前之事生發，「有事」弟子「服其勞」，有力、有閒的可辦，「有酒食」先生饌，有錢的可辦，從「曾是以為孝乎？」這句話的內涵來看，孔子不否定「服勞」「先生饌」是孝道，而是反呼「色難」，點醒在口體之養中，惟色為難。語言極委婉，態度極溫和，試想，當子夏突然提出甚麼是孝道的問題時，假若你是孔子，當時恐怕是千言萬語，不知從何說起了，可是在學生的迫切期待下，萬萬沒想到，孔子竟然以「色難」二字作答，且一經點破，就像火樹銀花，燦爛奪目。這種以少總多的概括力，不僅出人意表，歎為觀止，更是無價的瑰寶，是智慧的結晶！

七、教材：孟懿子問孝。子曰：「無違。」樊遲御，子告之曰：「孟孫問孝於我，我對曰：『無違。』」樊遲曰：「何謂也？」子曰：「生，事之以禮；死，葬之以禮，祭之以禮。」

譯文：孟子問甚麼是孝道？孔子說：「不要違背禮節。」不久，樊遲替孔子趕車，孔子便告訴他說：「孟孫問我甚麼是孝道，我答覆他說：『不要違背禮節』。樊遲說：「這是甚麼意思呢？」孔子說：「父母活著的時候，按照禮節侍奉他們；死了，按照禮節安葬他們，祭祀他們。」

章旨：本章講孝道的實踐，生前的孝養和死後的葬祭，都要合禮。所以本章重點在一「禮」字，孟懿子是魯國政壇當權的三家大夫之一，他不問忠而問孝，便知有難言之苦，孔子特借樊遲之問，而發其微旨。

賞析：這雖然是以問答方式，提點事親以禮之意，但按照常理孟懿子問，孔子答，便可了結此一師弟之事，與他人本來無甚關涉；不意，就在問答之間，插入了趕車的樊遲，頓時將事情複雜化了。這就像演戲，在兩個主角之外，突然又插上一個配角；而且這個配角是個正在趕車的學生。這不但人物複雜化了，場面布景也不同了，氣氛的營造也不一樣了。按孔子答孟懿子問孝說：「無違。」「無違」只是虛說，未曾實指，而孟懿子又沒有再繼續問，孔子是一個「不憤不啟，不悱不發」的「啟發式教學法」的原創人，他看孟懿子不為所動，又怕他誤解「無違」之意，於是就將計就計，借樊遲之口，傳自己之意。這中間在孔子的心理上，經過幾許轉折？幾許苦心？幾許傳道，解惑之深情？一切均在文字之外體會可得，文中樊遲曰：「何謂也？」不是漫問，而是指孔子所謂的「無違」，到底是意指何事？孔子說的「無違」：一是「生，事之以禮」，從衣食奉養上說；二是「死，葬之以禮」，從殯殮儀文上說；三是「祭之以禮」，從瓜果俎豆上說。禮者理也。當時三家大夫越禮犯分，孔子答以「無違」，不曰理而曰禮，就在暗點孟懿子要無過不及，不偏不倚，於名於分，都十分切合，孔子真是一個最懂得語言藝術的人。再美的字眼，都不足以形容他循循善誘，師表羣倫的形象。

原載於《國文天地》第97期
民國82年6月，頁102～109

「老師，作文真好玩」

——國中創意作文作業設計

張麗芬

讓學生的作文程度提昇，是每個國文老師的心願。但批閱整篇作文，不僅費時，而且學生程度參差，不見得能完全體會老師評語的內涵。就如同一個沒有根基的習武者，無法立即演練整套拳法，勉強湊和，也難達到強身防衛的作用。所以老師傳教徒弟，總是從馬步等基本動作練起。同樣的，老師教學生，希望他們意念的表達能夠完整，也可先設計一些基本作業。每一單元傳授一個重點，累積許多單元後，便能使學生慢慢領會作文的情趣。

作文雖是一件嚴肅的事，但學習的過程，卻儘可以趣味化，讓學生記憶深刻。因此活動的設計，實例的選取，都要儘可能生活化，並讓同學參與討論。鼓勵他們多表達。

或許剛開始，他們的技巧很拙劣，但只要有一絲創意，都值得肯定，慢慢的就能導引出屬於他自己的風格。

創意作文教學十一法

一篇好文章，就內容來說，要有真實感受。在形式上要能運用文字，將這些感受清楚而生動的展現出來。我們可根據這基本的要求，就情感、觀察、修辭、閱讀、布局五方面設計有趣的作業。

一、情感訓練㈠——請寫出更具體的句子。

1那個人走過街道。

2生病真痛苦。

3今天真高興。

4晚餐真好吃。

引導說明：學生作文往往只是敘事，不懂得將事物或情感具體化的呈現。但如「那個人走過街道。」我們可以將這個句子分成三部分「那個人——走過——街道。」然後就每一部分做細部的描繪：「那個人」是何種身分？一個紮著兩根馬尾的小女孩？一個大腹便便的孕婦？還是一個衣衫襤褸的乞丐？因為人物的不同，他們的舉止自然不同。怎樣的走呢？是蹦蹦跳跳？是小心翼翼？腳步蹣跚？同樣的，他們的背景也可以再更詳細的敘述。可能是「熱鬧的西門町」，也可能是「車輛川流不息的馬路」，或許是「又濕又窄的小巷」，這樣一來，這個簡單的句子，便可能呈現許多不同的風貌：

①那個紮著兩根馬尾的小女孩，蹦蹦跳跳的走過熱鬧的西門町。

②那個衣衫襤褸的乞丐，腳步蹣跚的走進又濕又窄的小巷。

③那個大腹便便的孕婦，小心翼翼的穿過車輛川流不息的馬路。

①②③三組句子，所透露的情感與意象顯然不同，讓同學比較後，再仿作2、3、4則句子。要求將如何痛苦？如何高興？如何好吃？以具體化的原則表達。

二、觀察訓練㈠——

1 請你從你坐的位置，向四周觀望，你看到了些什麼？至少寫一百種。

2 請歸納同學的睡態，並將他們區分類別。

引導說明：一般學生看事物都很籠統。要求觀察一百種，主要是引導學生看到事物細膩的部分。如果黑板槽的粉筆灰、板槽下懸掛的蛛絲水痕、板槽下燈光的投影、未擦拭乾淨的板擦印痕……，如此細部的引導，同學可多看到許多平常所不曾留意的小世界。如果有時間以遊戲競賽的方式進行。很多同學甚至可以觀察到二百多種細微的事物。

除了觀察外，第二則的訓練則重於歸納。可以要求學生至少寫五種。如自言自語、口若懸河、霹靂響炮……等。並要求學生就這五種，加以具體化的描述。

三、情感訓練㈡——請把六官的感覺寫出來。

引導說明：味覺（舌）、視覺（眼）、聽覺（耳）、嗅覺（鼻）、觸覺（皮膚）、思覺（心）這六種感覺使我們的世界立體化。可惜同學習作，往往只是平述，偶而用用視覺。所以可以先讓同學討論那些字詞可以恰當的形容六官的感受。例如：

1 味覺：酸、甜、苦、辣、澀、滑、油、膩……

2 視覺：清楚、朦朧、美麗、醜陋、潔白、紅、黃……

3 聽覺：大小聲、高低音、清脆、沙啞、破碎、模糊……

4 嗅覺：香、臭、瓦斯味、汽油味、魚腥、血腥……

5觸覺：滑、冷、熱、冰、涼、刺、癢、油、粗糙……

6思覺：喜歡、討厭、悲傷、高興、憂愁、希望、愛……

然後要求同學以自由命題的方式，寫一小段文章。要包括六官的感覺至少十種。如果同學尚不能領會，亦可當場和同學共同討論，以「晚餐」為題試作一篇範文：

「吃飯了！」（聽覺）母親清脆的女高音剛傳入耳際。弟弟馬上丟下手裡的玩具，飛也似的衝到餐桌邊。（視覺）我也不甘示弱趕上前去施展五爪金龍功。哇！好燙！（觸覺）但香噴噴（嗅覺）的炸雞塊，實在太誘惑人了。（思覺）寧可被小燙一下，也不願錯過這香嫩油酥（味覺）的美味啊！

四、修辭訓練(一)——譬喻修辭

1請以微笑、笛子、書本、啦啦隊員、操法指揮為喻體。寫出五則譬喻句。

2請自由命題寫出五則譬喻句。

引導說明：修辭是作文不可缺的重要技巧。國中階段可配合第五句語文常識的修辭法舉例及黃慶萱老師所寫的《修辭學》，擇其重要的修辭格，或印講義，或選佳句於課堂抄錄講解。並配合同學所學過的課文，加以比較發揮。

作業命題的部份，宜以同學的生活經驗為主；自由命題則鼓勵以新穎鮮活者為佳。

習作批改後，若能將佳句抄錄張貼在教室布告欄，就更能激發同學的學習興趣。

五、修辭訓練㈡——比擬修辭

1請以板擦、電動玩具、錄影機、漫畫書、熱狗為題。寫出五則比擬句。

2請自由命題寫出五則比擬句。

引導說明：比擬句難度較譬喻句為高。很多同學易將二者混淆，所以批改時，第一要求正確。其次才是生動突出。

六、觀察訓練㈡——請你選定五位同學詳細具體的描寫他們考試前、考試時、考試後的不同表情。

引導說明：做完這個練習後，可在作文課要求以「同學素描」或「考前考後」為題。將前面的六個習作，做綜合的訓練。

七、閱讀訓練㈠——請以一百字左右說明〈曾祖母的書〉一文的故事大意。

引導說明：閱讀是增進寫作能力的重要門徑，但如何閱讀及如何寫讀書心得，是國中階段極待指導的部分。寫讀後心得可略分為三部分：掌握文章重點；熟悉了解文章的相關背景資料、典故；以及發抒自己與作者相異或相同的感觸。因此可針對這三方面設計作業。

〈曾祖母的書〉一文選自《讀者文摘》，內容溫馨感人，劇情曲折，主角雖只有二人，但相關人物不少，要用一百字敘述，其實是很難的。學生平常往往希望作文愈短愈好，一開始總以為很簡單，越試才越知困難。其次學生往往會抄錄原文的句子拼湊，但唯有嘗試錯誤，才能體會：只有靠自己充分了解，用自己的語言表達，才能達到正確精簡的要求。為了希望學生體會心得中介紹故事，非冗長的敘述，而是要掌握真正的重點。我往往花二堂課的時間，讓學生親自去實驗、試探。唯有讓學生心靈的悸動愈深刻，這樣的教學，也就能愈持久，愈富教育意義。

至於文章的選擇，可以就個人喜好去安排，但介紹故事大意的訓練，宜小說類較合適。

八、閱讀訓練(二)——

1請查出〈磨鍊〉一文中相關的生難詞句、成語、典故的意思及出處。

2請寫出你個人接受磨鍊的親身經歷，或讀後心得感想。

引導說明：自學、輔導是很重要的訓練，尤其在進行閱讀時，如不能養成查資料的習慣，便很難將課文融會貫通。〈磨鍊〉一文選自李霖燦先生的《會心不遠集》，其文以自身抗戰時接受磨鍊的親身經歷，對泉鍊有正面而積極的肯定。全文主旨「事非經過不知易，橄欖餘味最回甜」足以發人深省。但文句上有很多的成語、典故。可藉此訓練學生去查字典、成語典、成語故事，甚至翻查地理畫冊。評分時以資料的正確、完備與否為據。可令學生將所查資料，以注釋的方法，直接寫在所發的文章講義上，加上讀後心得，釘成一整本。藉以讓學生留下深刻的印象。

九、閱讀訓練㈢——閱讀〈成見〉一文後，請寫出十則你認為社會上常有的成見。並說明理由。

引導說明：〈成見〉一文選自李霖燦先生的《會心不遠集》。以作者在雲南走山路的經驗，探討「提脚」和「邁步」二組不同的肌肉運動，進而對成見的產生、弊端作深刻的反省與探討。藉由此文，可導引同學對我們周遭許多習焉而不察的成見，加以思索，提出自己的意見。並要求同學加註年、月、日。如此可供日後省察時，作為對照比較之用。

做完三則閱讀練習後，如有時間，可安排同學於寒暑假間，正式寫一篇完整的讀書心得。使同學的閱讀訓練更紮實。

十、布局訓練㈠——漫畫作文

1請將附圖的四格漫畫按你編排的情節排列順序。至少寫出五種不同的排列。

2請你按順敘、倒敘、突起這三種方式，各照圖寫出一段完整的情節。

引導說明：小學雖有看圖作文的訓練，但圖的順序是固定的。我們可針對漫畫吸引人的特性，打破他固定的順序，讓學生自由組合。如果是1↓3↓4↓2可以解為：有一個人看到路上有香蕉皮，他小心翼翼的跨過香蕉皮，不料竟傳來一聲慘叫。怎麼回事？原來他得意忘形掉到洞裡去了。也可能是這樣的組合：2→1→3→4路上一個好大的洞啊！過路的人小心翼翼的繞過去，不料竟踩到香蕉皮，唉！真倒楣！當然，還有各種方式的組合與情節。可先令每人想出五種以上，再發表討論。學生想像的龍頭一旦開啟，精彩的情節，便會源源不斷的湧出。

然後再針對學生安排的情節，在黑板上作一歸納。介紹布局的三種基本方式：順敘、倒敘和從精彩鏡頭說起的突起法。其中突起法，同學較易出錯，可舉偵探片，如由命案發生，開始推斷前因，循線辦案等情節，加以比較說明。

第二則練習，則請同學了解三種布局法後，試將同一情節，用三種不同的布局法描述。程度較差的同學，則可用三種情節、三種布局描述。評分時以正確為主，其次再看同學所設計的情節，是否新奇有趣！

十一、布局訓練(二)——劇情接龍編排

引導說明：可設計如附圖圖表。將全班分成四小組或五小組，每組選一組長。將全班分成四小組或五小組，每組選一組長，上來抽籤。籤分三種：時間籤分過去、現在、未來；結局籤分悲劇、喜劇、悲喜劇及懸疑劇四種。出場序則預先將下列七張籤（男主角、男配角正、男配角反、女主角、女配角正、女配角反、關鍵事件）放入一信封袋中，

令小組長洗牌後，按洗牌後的順序，黏貼在出場序的表格中。其中關鍵事件，是指整個故事中影響最大的事件。如果出現在1，則整個故事可能需要突起法表現，出現在7的位置，則較宜順敘法表現。

同學在抽籤拿到表格後，各組需在限定的時間、出場序及結局中編出一齣完整的故事，並想好劇名。在第二節下課前二十五分鐘，令各組派一代表，上台講述，然後由全體同學一人二票表決優勝者。

如果時間許可，亦可令小組組員演出劇情，只要秩序控制得宜，也十分有趣。

組別：							
組員：							
劇名							
時間：							
出場序：	1	2	3	4	5	6	7
故事大綱：							
結局							

「老師，作文真好玩」

國一時升學壓力較小，課程上安排討論的時間較充裕，學生的心思反應也較活潑可愛。比較適宜這類的基礎訓練。可隔週或二、三週進行一個單元的活動。並要求同學準備一本習作簿，按單元習作。

通常我都是利用星期六的國文課，講解習作應注意事項，然後要求同學星期一交作業。或者有些單元，可在作文課進行。如果能在學期開始，便設計本學期的作文進度，及搭配的作業設計，整個學期的作文活動，一定能深受同學歡迎，而不覺枯燥乏味了！

理想的教育，是讓孩子能像植物般的適性生長，而不是像礦物般的被雕塑定型。在重重考試、測驗的壓力下，學生的思考漸趨僵化。如果作文課程的設計，不能引導孩子去觀察、體驗、表達，那麼我們將期待那一科去負起這個責任呢？作文程度不是靠「背多分」即可奏效的。如果我們只是對著孩子搖頭說：「你們的程度一屆不如一屆了。」卻沒有具體有創意，可按步施行的計畫，那麼我們又如何擔得起「老師」這個尊號呢？這套作業設計實施的成效，雖因學生資質而有顯著的差異，但每當同學反應「作文真好玩」時，我總是很高興，因為好玩會激發興趣，興趣的累積便是學問，能在同學心中植一株喜樂的苗，看著它慢慢的成長，想像著它們其中有一天，有的會枝繁葉茂——或許這正是從事教育工作，最迷人的地方！

原載於《國文天地》第60期
民國79年5月，頁66～69

作文課像記者會

——「老師的秘密」探訪記

林瑞景

一般說來，老師在學生的心目中，是另一種世界的人。這個人，很尊嚴——不可侵犯，不能對他有所不敬；很神秘——莫測高深，不能隨便探究。所以當學生的，無不想進入老師的生活世界，去一探究竟，去挖掘一些不被人知的秘密，看看老師的生活世界，和一般人有那些不同。

基於這種心理，我靈機一動，何不利用作文課，一反常態，來個反客為主，讓學生作主，請學生當小小記者，老師當被採訪者，以「老師的秘密」為題，讓學生盡情的、無拘無束、徹徹底底地把平日心中想問但不敢問，想講又不敢講的事情，通通提出來問，挖出來講。即使問得不得體，講得不甚洽當也沒關係，老師不會生氣，更不會責怪，只要大家高興、逗趣，反而更有採訪的氣氛。

當我把這種構想及作文方式宣佈後，學生個個張口結舌、目瞪口呆，表情詫異得好像不相信似的，經我再三保證以後，他們頓時樂得大吼大叫，簡直樂歪了。

等高昂的情緒稍為平息以後，我要求學生立刻拿起筆來，把剛才聽到老師宣佈今天作文的方式後，同學們的特異表現，或自己內心的現場感受，寫下來當作作文的第一段。不用說，大家都是興高采烈的提筆急書，開頭的花樣真是五花八門，新鮮有味。現在就信手拈來，抄錄幾則，以饗讀者。

新聞快報！新聞快報！今天中正報記者王俞雯在屏東中正國中為您作專題報導。今天所採訪的專題人物是中正國中頂頂大名的二年七班導師林瑞景老師。以下是本報記者的實況採訪。（王俞雯）

哇！今天的太陽打從西邊出來了，不然我們怎會變成小小記者了！而且我們的林老師，竟然是本篇報導的「男主角」。真不知道他哪根筋短路，還是秀逗了？不過這題目倒是蠻好玩的，大家都樂歪了，瘋掉了。現在，馬上就進入本報導。（洪藝珊）

「怪事年年有，今年特別多。」而怪事就發生在本班。老師竟然要我們當「小小記者」，當然是冒牌的；老師自己充當「大人物」給我們訪問，你說鮮不鮮？

（黃熠靚）

作文的開場白大致完成後，我問同學有沒有看過記者會，就像李登輝總統訪問美國康乃爾大學返國後所召開的記者會？大多數同學都說曾經看過。於是我便趁機來個「新聞採訪」初步的講解：

你們雖然不是正式的記者，老師也不是什麼大人物，但是既然扮演了記者，就要認真的把記者的角色演好。要知道你們每個人各自代表一個報社，在記者會上的發問和表現，便可看出你所代表的報社的好壞和水準。所以大家提問前要多加思考、斟酌，提問時的口氣和風度，也得多講究。並隨時把問答的內容用速記法摘錄下來，等記者會結束後，再整理到作文簿上。

接著，就問題進行一問一答的實際採訪。起初學生的問題，還滿正經八百的，問起來也滿有模有樣的。譬如「老師教了那麼多年書有什麼感想？為什麼還不退休？」、「老師當您生氣時，要怎樣控制自己的情緒？」「老師怎麼安排自己的休閒生活？」「據說老師的四千金個個都很優秀，您是怎麼教導孩子的？」

記者會採訪報導的方式，大概可分為三種：一種是最簡單、直接的一問一答方式；另一種是把訪問內容分門別類的分述方式；第三種是前二種折衷方式，有分述，並穿插一問一答。為了讓大家比較了解全貌，光用一問一答式來回答學生的四個問題。宋德政是這樣報導的：

教了這麼多年書，已經教出了興趣，我只要和同學共同生活在一起，便覺得很快樂。如果有一天覺得不快樂，或同學不喜歡上我的課時，我會立刻申請退休。

剛生氣時，或許火冒三丈，但靜下心多想一下，就不會那麼氣了。何況生氣會使心跳加快、血壓升高、白露增加，以及一大堆對自己不利的毛病。這時，氣自然會消了。

每天天一亮，打一小時網球。下班後，澆花、洗澡、吃晚飯、同太太散步，看電視新聞、報紙，或看看書、寫寫稿。很少串門、或應酬。

> 我和我的妻子在孩子還小時，就常常陪她們一起看書，以身作則作好榜樣，因此她們就有樣學樣了。

難能可貴的，有部分同學除了忠實報導外，還加上了自己的感受和看法。這種寫法已經注入了些「文學的養分」。如林元淑對「老師生氣」的問題是這樣寫的：

> 我一直感覺到奇怪，本班的教鞭怎麼如此懶？原來老師有修養，懂得用時間撫平傷口（生氣），難怪老師總是「高高舉起，輕輕放下」。受惠的當然是咱們囉！

說到「妻子」，許多對兩性敏感的同學已經按捺不住，又開始在蠢動，私底下在鼓動平常愛調皮搗蛋的湯程翔站起來發問：「老師，您是怎樣搭上師母的？」聽到「搭」字，大家都瘋狂的大笑起來。

當時我的回答洪玉珊是這樣寫的：

> 老師在附小教書，常常在報章雜誌發表文章，師母在郊區的國小教，常看到老師的名字，經朋友介紹認識。師母想：會寫文章的男人，大概不會變壞。加上

老師不抽煙、不喝酒賭博、有高尚職業，正合她的意，老師又喜歡師母，所以便共同走上紅毯的另一端。

人絕頂聰明，但愛起哄的蔣宇寧，看到老師沒當眾出糗，似乎心有未甘，便趁勢站起來說：「請老師報告一下您的初吻和初戀好嗎？」話一問說，全班嘩然，很多女同學還手摀著臉笑倒在地上。等大家笑夠了，九十二顆眼珠子瞪著老師看時，老師有點兒羞赧的回答說：

老師那個時代，男女之間還很保守，哪有女孩子願意隨便讓人吻。即使有，當時老師非常老實，看到小姐都會臉紅，哪有勇氣去吻女孩子。所以在老師的記憶裡，好像沒有初戀過，如果要硬說有，那不算是初戀，而是「暗戀」，因為老師畢竟也是男人，總會愛慕幾個成熟漂亮的女孩子，但「我愛妳」三個字從來說不出口。後來她們一個個結婚了，可惜的新郎不是我。

當知道結局後，大家「哦」的一聲，好像洩了氣的皮球。

沒想到心目中的「大人物」，卻這麼「沒路用」。（鍾婉瑜）

最後眾記者不死心，推派綽號叫「卓別林」的江秉叡問了一個非常奇怪，也十分逗笑的問題：「老師幾歲開始長胸毛的？」

「非禮莫視！你怎麼知道我有長『那個』？難道你有透視眼？」大家又笑成一團。老師接著說：「我從發育開始就長了。秉叡羨慕嗎？要不要老師拔幾根免費給你種？」大家又笑得人仰馬翻，大伙兒捧著肚子喊天叫娘。（郭弘道）

記者會就在熱熱鬧鬧的氣氛下結束了，我催著同學趕緊把自己寫下來的資料，整理在作文簿裡。（看著他們眉飛色舞振筆疾書的興奮勁兒，心裡暗忖：今天的作文新點子，又可讓他們足足樂上好幾天了。）

過了一會兒，我看到動作快的同學差不多快整理完了，便告訴同學今天的作文，不但是記者會上的談話內容，而且也要加上採訪後的感想寫在最後一段，如此首尾才能呼應，作文才算完整。譬如：可寫些當記者的滋味、對被訪問者的觀感，以及對這堂作文課的感受等。

也許這堂作文課給他們的震撼力太大了，所以每一個人的感覺，寫來真是可圈可點、精彩可愛。現在隨手錄下四則，便可了解同學的慧根。透過這次機緣，說不定往後真的有同學走上記者生涯。

今天，老師的許多小秘密都公開了，讓我們更了解老師的一點一滴，也覺得老師比以前更可敬可愛了。像這種既或趣又生動的寫作教學，我還真是頭一次遇到呢！（陳詩韻）

訪問完老師之後，我感覺到在老師身上真的有許多值得令人好好學習的地方。而第一次訪問別人的滋味真是奇妙、有趣，還可以將別人的秘密一一挖出來，雖然有點「殘忍」，但是卻令人興奮。以後若還有機會，一定還要大顯身手。（汪俊宏）

經由這次當了小小記者之後，讓我知道原來當記者是這麼的好玩、新鮮，雖然不能像真的記者訪問什麼李登輝啦、吳伯雄啦、林洋港啦……等一些大人物，但也讓我像真的記者一樣，能夠「搖擺」一下，也希望老師今後能多動腦筋，多出像這類好玩的題目，讓我們再「爽」一下。（林鴻仁）

經過這一次的訪問，我們對老師有更進一步的了解，也嘗到了當記者的滋味。

當記者不但文筆要好，統整能力要強，而且還需要具備很多能力。這一次能夠有這個機會，真正了解到記者背後的辛苦，或許就有這麼巧的事，以後有一天我當上了真正的記者也不一定。（郭宜瑾）

原載於《國文天地》第143期
民國86年4月，頁105～109

永生難忘的「恐怖箱」

林瑞景

新學期開學以後，我由三年級又輪回到一年級，擔任二班的國文課。因為二節連排的作文課都排在下午一、二節，學生上起課來，睡眼惺忪，精神多少有點散漫。為了要提高學生的學習情趣，只得多動動腦筋，想些較有創意、容易被學生接受的作文方式和題材，使學生喜歡上作文課，進而會期待下一次的作文課趕快來臨，其心情就像小孩子期待過年一樣。

我的第一篇作文是以「國中生」為主軸，讓學生抒發升上國中以後，在短短二週中所見、所聞、所做的新鮮感受。有不少的學生在作文中指示：國中生活實在有些令人恐怖。看到「恐怖」二字，使我聯想到以前電視上有許多藝人被主持人整得哇哇叫的「恐怖箱」。這時的靈感告訴我，何不利用它的緊張、懸疑、刺激、恐怖的名稱，用在我多年前曾經玩過的「觸覺遊戲作文」上。如此一來，作文課不就更刺激、更有趣、更有創意。

首先我找來了一個裝蘋果的大箱子，在上頭中間挖了一個拳頭大的小洞，正面用麥克粗筆寫上「觸覺作文——『恐怖箱』」等大字。箱子裡頭放些體積較大，觸摸起來較容易辨識、又稀奇古怪的小東西，項目大約以十件為宜。內容包括日常用品、學用品、玩具、應時水果，以及一、二種不會傷人的動物或寵物。如青蛙、小白兔、天竺鼠、小鳥、蜥蜴、鱔魚、烏龜，以及少了蟹螯的螃蟹等。

作文課那天，我把恐怖箱搬到轎車的行李箱內放著，和往常上課一樣的走進教室。還有幾位午覺沒睡飽的同學，仍然趴在書桌上，等班長的口令下達，才意氣懶散的站了起來，一個個沉重的眼皮還垂著。行禮如儀過後，我試著放出一點空氣說：「目前教室裡的瞌睡蟲爬滿地，待會兒相信一隻隻會被嚇跑，你們相信嗎？」此時，四十幾雙眼睛頓時睜得好大，看著我葫蘆裡又賣些什麼膏藥？

我假裝若無其事的要學生拿出作文簿，拿著紅原子筆，邊看上篇的作文、邊修飾、訂正語病、錯別字；我則在台上叮嚀同學上次作文的共同優缺點。等大家就緒後，我選出上篇寫得最精彩，最創意意的作文各一篇，到台上朗讀給同學欣賞。

讚嘆的掌聲過後，我在綠板上寫上「觸覺作文」，寫完回頭一看，個個面面相覷；接著我又寫了大一號的「恐怖箱」三個字，頓時全班「哇！」的慘叫一聲，個個面無血色。過了一會兒，幾個膽子較大的同學吵著說：「真的有恐怖箱？」「你說呢？」「在哪兒？」「稍安勿燥，等會兒哪個膽子大的跟我去搬。」這時候那些所謂「膽子大」，便你推我、我推你的都不敢去，最後較老實的晟瑋硬被「推」了出來，「心跳一百」的跟著我。我語帶警告的語氣提醒他：「小心抬著，別觸怒裡頭的動物，免得發生危險」。

晟瑋躡腳、小心翼翼地把恐怖箱放到預先準備的板凳，兩手微微抖著，整個臉比平時白多了。大家看在眼裡，都屏氣凝神地等待好戲上場。

如釋重負的晟瑋回到座位上後，一些好奇寶寶的頭便伸了過去，交頭接耳的似乎在問他有沒有動物？晟瑋點點頭，還說有好多隻。同學問他怎麼知道的？他心有餘悸的小聲說道：「剛才我在搬的時候，好像不只一隻的在紙箱裡跑來跑去。……」這時聽到的同學，無不一手摀著嘴巴、一手按著胸部，一個個被嚇倒在座位上。

我看恐怖的氣氛已由學生自個兒營造成功了，暗自慶幸節目可以依計劃進行。但是我不忍心再增加學生的心跳負擔，所以略帶輕鬆的說：「相信大家都看過電視上的『恐怖箱』，恐怖不恐怖？」

「恐怖！」大家幾乎異口同聲的說。

「放心，老師的恐怖箱是屬於『有一點恐怖，但是又不是很恐怖的』那一類型。」

「裡頭藏些什麼東西？」

「箱裡有日常用品、文具、水果、玩具，以及天上飛的、地上爬的、水上游的……都有，一共有十種。如果十種全猜對，老師會頒獎鼓勵。」

「會不會咬人？」

「不但會咬人，而且有的還會夾人，所以摸的時候要溫柔一些，不要觸怒牠。怎麼樣？誰先來？」大家聽了，都嚇得哇哇叫，「不要！」「不要！」的聲音，此起彼落的充斥在教室各角落。

「好，暫時不摸，大家先來寫開頭第一段，從知道恐怖箱以後，個人內心的感受，以及大家反應，熱鬧滾滾的場景，都是很好的寫作材料。快，拿起筆寫吧！」不用說，看大家興高采烈的樣子，開頭的豐收，必定可期。現在信手撿拾幾篇，抄錄於後，以饗讀友。

今天第五節是作文課，老師格外神秘，原因是他為了讓我們有一堂難忘的作文課，設計了「恐怖箱」的作文。天啊！「恐怖箱」？國小寫了六年的作文，頭一回遭遇到那麼可怕的題目，現在的心情確實有些不安，本來是半信半疑，但隨著老師帶來的箱子，我真希望這一切不是真的。（潘俊仁）

今天下午上國文課，老師說要仿照「紅白勝利」的「恐怖箱」，全班原先睡眼惺忪，但這番話卻讓全班精神為之一振。然後，在老師加油添醋之下，一些女同學都是心驚膽顫，嚇得面如死灰，在一片驚疑聲中，「節目」終於要開始了。（簡宜蓁）

今天我們的國文林老師，出了一個非常怪異的作文讓我們接招。你知道是什麼稀奇古怪的題目嗎？那就是「恐怖箱」。當同學還未接觸箱子時，老師就說裡面有著各式各樣的東西。例如：有會夾人的、有會咬人的；有動物、也有植物；無論天上飛的、地上爬的……等等千奇百怪的東西。頓時，同學的心七上八下，整個臉都變綠了。此時，教室的氣氛可說是緊張到極點，還可聽見左鄰右舍同學一直跳動的心。以往在電視螢光幕前，看著藝人們在綜藝節目中，又叫又跳的表情，真是好笑極了，沒想到今天卻輪到我了。（邱文慧）

作文的開頭大致就緒後，我要求同學的作文簿翻到封面底，在上頭的空白處右側，寫上「恐怖箱的東西」，並預先寫上一～十的數目字，待會兒三十秒鐘摸完後，即刻可寫下東西的名稱。

經過一段時間的紓解後，同學的心情不像先前那麼的緊張恐怖，有不少的同學躍躍欲試。於是，為了求公平起見，先讓每排推派一位「敢死隊」做先鋒，上場衝鋒陷陣，我則坐在箱子旁邊「看陣」，偶而適時製造些恐怖的效果。這個階段，有好多同學寫得緊張刺激、精彩絕倫，特摘錄三則如下：

> 緊張的時刻終於到了，老師先請各排不怕死的敢死隊員先上陣，每個人在摸時，老師本來在旁嚇他們，後來反而他們嚇老師。有位男生還沒上台前，偷偷的在手指頭塗上紅墨水，忽然抽出手尖叫說：「流血了！」，嚇得全班跟著尖叫，老師急忙的跑去想幫他止血，才發現上當了，這時，全班又笑得前仰馬翻。（邱惠君）

> 緊張！緊張！刺激！刺激！老師的恐怖箱把我們嚇得幾乎屁滾尿流。有位敢死隊的男同學，剛把手伸進去，就嚇得把手拉出來，害老師笑得眼淚都流出來；有位女生還沒摸時，就把害怕的表情給寫在臉上，死也不伸手入箱，老師半勸半逼的拉著她的手進入箱裡，誰想到她竟然哭了起來。（尤亭雅）

大家看到「七人小組」全身回座，雖然過程緊張曲折，但是總算毫髮無傷。於是，人類愛刺激、喜探險的天性，又在孩子身上發酵；不等待我的鼓勵，他們一個個自動的跑過來排隊，請求我讓他們也有機會一探究竟。

我受到了好奇心的驅使，想要一探究竟，沒想到到了恐怖箱前，那股好奇的心，竟然一下子飛逝無蹤，整顆心都被緊張的感覺所替代。不過，我還是嘗到了恐怖箱的恐怖滋味，其感覺竟如同老師所說的一樣，難以忘懷，我現在還記得那股冰涼伴著毛毛的觸感——從手指、手掌一直涼到了心頭。那感覺豈是言語及筆墨所能形容的。（呂曉雯）

本班女學藝股長說自己膽子最大，結果最不敢摸的就是她。經過老師百般的甜言蜜語，學藝終於下定決心要試一試。在摸的過程中，出現了許多有趣的畫面，製造了許多不足向人道的笑料。摸完時，學藝的臉真是又青又紫，一副快要哭出來的樣子，她的身材可以算是全班女生中最壯碩的，可是膽子卻是最小的，真所謂「人不可以貌相」是也。（李志強）

每個孩子親身體驗過恐怖箱中的恐怖之後，相信最想知道的該是裡頭到底藏了些什麼？自己的答案到底有幾項正確？期待的時刻終於來到，有幾位學生是這樣寫的：

終於到了謎底揭曉的時候，大家都聚精會神的望著恐怖箱，希望自己的答案正確。東西一件件的被拿出來，原來是麥克筆、蘋果、梳子、玩具消防車、網球、飲料、小籃子、花剪、洋娃娃，以及最恐怖的青蛙。老師把青蛙掀出來的時候，青蛙還調皮的踢老師一腳。（余宛蓁）

以上這些東西都是稀鬆平常，並不值得可怕，大家之所以怕，大概是心理作祟和一種不能預測的神秘感吧！（尤亭雅）

「恐怖箱」的教學活動在頒獎後，已接近尾聲，緊張恐怖的氣氛也漸漸平息，我提醒學生們趕快提起筆，把今天緊張、刺激、恐怖、逗趣的場景，分「敢死隊上陣」、「同學輪流上場」、「自己伸手觸摸」的感受，以及「謎底揭曉時」的心情等幾個階段分別寫在作文簿上。末了，我還故意的問他們：「今天的寫作材料，老師提供的夠不夠多？」

「夠！」大家興奮的大叫說。

「內容有夠精彩吧!?，還要不要老師再補充一些？」

「不要！」聲音揚得更高。

「很好！那就快動筆吧！」看到個個眉飛色舞，興奮異常的勁兒，我心裡很明白：

今天的創意作文設計，的確是讓他們終身難以忘懷的一堂驚心動魄的作文課。

過了一會兒後，動作比較快的同學，已經著手寫最後的結束語了。有位同學舉手問我要怎樣寫結束語才較得體？我告訴他們：「大概可從二方面去思考：一個是摸「恐怖」的經驗，帶給你們什麼樣的啟示？另一個則是上了這堂作文課後，引起你們什麼的感想？」

或許這堂頗具震撼力的作文課，帶給他們前所未有的衝激力，所以幾乎每個人都覺得這是一次永生難忘的作文經驗。不但從此對作文產生了好感，而且也因此喚醒了他們沉睡多時，對世事漠不關心、不知珍惜的心靈。現在抄錄幾則，看看他們可愛的蛻變。

上了這堂「恐怖箱」後，讓我真正領悟到眼睛的重要，如果沒有眼睛，一切將變成了黑暗，是多麼痛苦的事呀！所以從今天起，我一定要好好的愛護眼睛，不要讓它受到絲毫的傷害。（李舒寧）

其實恐怖箱並不恐怖，它只是讓我們體會一下視障同胞不方便的感受，同時讓我們更知道要去珍惜眼睛。（石柏林）

今天的「恐怖箱」固然覺得快樂、刺激，但也讓我們學到了很多——不但能練習膽量，更可以訓練觸覺能力，這真是一堂受益良多的作文課。（李悅婷）

臨下課前，許多學生關心背部長刺的老青蛙的下場。因為我的童年是在抓青蛙、吃青蛙肉中長大的，所以很自然的說：「帶回家殺了煮湯吃。」一學生聽了，個個似乎難過得很同情青蛙的命運，紛紛出價想買到手，結果王淑貞以四十元買回家養，而錢則列入班費基金。

第二天，我告訴許淑貞如果後悔，錢可以退回，她邊笑邊搖頭說不用。旁邊的同學偷偷的告訴我：青蛙放生了。

小小年紀就能為這小生命慈悲為懷，一直自認為自己也算很有慈悲心的我，真自嘆不如，實在甚感慚愧。……啊！這堂作文課對我來說，也將是永生難忘。

原載於《國文天地》第158期
民國87年7月，頁100～105

創意味覺作文

——口齒留香的萬巒豬腳

林瑞景

當老師最值得欣慰的要算是，偶爾走到人潮聚集的車站、市場、郵局、公園，或到公家機關、私人機構的銀行、信合社辦事時，常會有年輕小伙子趨前過來打招呼說：「老師，你好！我是你的學生，還認識我嗎？」「老師，我是被你教過的學生，有事嗎？可不可以由我來代勞？」這時候，我通常會好好的端詳他們一陣子，因為教過的學生實在太多了，除了印象較深刻的以外，長大後的他們幾乎都認不出來，或叫不出名字。「抱歉！一時記不得了。」「老師！我可一輩子記得您！」「為什麼？」「因為老師有一次上作文，請我們吃過萬巒豬腳。到現在我還念念不忘那段吃豬腳時的情景。」「無心插柳柳成蔭」。那是一、二十年前的舊事，當時我在外頭的作文才藝班兼課，指導老師採專長輪流教學方式，一班每期上課十二次，每位老師只可輪教二、三次，為了讓學生喜歡上我的課，所以特別動腦筋設計些較具創意又有趣的教學題材，「吃萬巒豬脚」便是其中之一。想不到一、二十年後，學生還會念念不忘我的這一堂課。

學校班級人數多，如果為了上味覺作文而吃萬巒豬脚，花費實在太大，所以我通常以請「吃冰」來代替，但是其魅力卻沒有「吃豬脚」來得印象深刻。這次為了重溫「舊夢」，特地和任課的班級導師打商量，和班費打交道，來促成這件「上作文課吃萬巒豬脚」的美事。

當我把這件好消息告訴學生時，大家樂得眉開眼笑，手舞足蹈的。這種期待的心情，李勇震、楊先雯同學是這樣寫的：

> 這幾天真是個快樂的日子，因為我們的國文老師要讓我們吃豬脚寫作文，使我們全班都非常期待著作文課的到來。好不容易這一天終於來臨了，我也愈來愈像「非洲飢民」了。（李勇震）
>
> 上個禮拜老師說這次作文，要邊吃豬脚邊寫作文。本班的「小李仔」李晟瑋高興得雀躍不已。但是老師又接著說：「買豬脚的錢要用班費出。」小李仔接口

說：「那就算了！多貴呀！」可是到了作文課，小李仔的眼睛卻一直盯著桌上的豬脚，口水流滿地，好像老早已把先前說的話都忘光了。（楊先雯）

文章的開頭如果能像鳳頭那麼漂亮，那這篇文章必定能緊緊地吸引住讀者，進而想知道後續發展。所以對學生的開頭方式，我通常喜歡營造許多不同的方式，讓學生有各種不同的發揮。作文本來是二週寫一篇，另一班的上一篇作文因為提早改完，隔週又和校運會撞期，所以臨時提前寫作文，因此學生便有新鮮的話題可以抒發了。

今天的國文課本來是寫書法的，老師卻突然改變主意說要寫有關吃豬脚的作文。老師一上講桌，就有一陣陣豬脚香，然後老師叫正副班長各拿一盤豬脚先給大家聞一下，吊足了大家的胃口。看到滿盤的色香味俱全的豬脚，真令人食指大動，心動不已。（簡宜蓁）

「哇啊！好香哦！」今天作文課真是棒極了，好一個美麗的星期一，就算今天白帶了有多重的書法用具，我想帶回家時，會一點重量也不覺得，因為它和萬巒豬脚比起來，可算是微不足道。可是呢，老師老是用香味來吊人家胃口，口水只好往肚子直吞，畢竟我的形象是淑（俗）女嘛！當看到別班同學經過時，

那一臉羨慕的樣子，我心裡好生得意。（鄭安婷）

「哎呀！呀！到底是什麼大事啊？」老師還沒上課就來了，還宣佈今天不上書法課。原來是「萬巒豬脚」駕到，這個「好死不死」的「萬巒豬脚」終於來了，害我癡癡地等了好久。老師先要班長和副班長兩人各端一盤豬脚，繞班一周，豬脚經過時，我就差那麼一點口水就流出來了，還好沒破壞我的淑女形象。（王涵婷）

說到萬巒豬脚的吸引力，其魅力可是驚人，上課是無需我多吹噓，學生寫出來的美辭佳句，可真是多如繁星、閃亮無比，特摘錄幾則，供大家分享。

哇塞！實在有夠香，把學校水溝的臭味都比下去了，實在要忍不住說一句話：好香呀！老師快給我們吃吧！大家流的口水都要淹到脚踝了。（陳穎萱）

看著老師用熟練的手法，慢慢的將佐料倒出來，那香噴噴的蒜味盡入鼻中，再加上老師桌上的豬脚，不免想說：光是用看的就已經能體會出豬脚的好吃，更何況用吃的呢？（劉若梅）

老師今天心情特別好，所以特別跑到萬巒去買那正宗的萬巒豬脚，那種香味光是十里遠外都還可以聞到。這種正宗的萬巒豬脚，可說是「轟動武林，嚇倒萬教」，而且風靡全國，甚至於有些人還遠從國外千里迢迢地跑到屏東的萬巒，吃那色、香、味俱全的萬巒豬脚。（邱俊豪）

萬巒豬脚為什麼能發跡而聞名全國？相信只要耳聞其名的人，不論是嚐過或還沒吃過，都會很想知道箇中原因，好奇心重的國中生更是如此。我是道地的萬巒人，老家就住在「萬巒豬脚街」附近，可以說是吃豬脚長大的。萬巒豬脚的創始人林海鴻老先生，是我的父執輩，每天在市場邊擺攤賣粄條，他的發跡、成名我耳熟能詳。在學生還沒正式品嚐豬脚前，我要他們先邊聽邊寫下這則小人物的故事。張朝棟同學是這樣寫的：

萬巒豬脚的鼻祖——林海鴻老先生，他為了養家活口，就和太太在萬巒街上擺賣粄條的攤子維生。通常吃粄條要配小菜，起初他的豬脚小菜也和別人一樣，平淡無味不被客人喜歡。後來林老先生向中醫師請教，把豬脚放進中藥材、香料和高級醬油一起滷，滷到吃起來不生、不爛、不油膩，而且口感既嫩又脆時，立刻拿起來，再沾上特製的蒜頭、中藥加醬油的佐料，吃起來真是人間美味。

吃過「海鴻豬脚」的人，無不讚不絕口，就這樣一傳十，十傳百，在屏東地區便小有名氣了。有一天，有位台北的記者到屏東來玩，屏東的記者請他去萬巒吃粄條，為了更隆重一點，就請他吃盤豬脚，台北記者吃了以後，讚不絕口，回到台北，因為手邊沒新聞，就把他吃萬巒豬脚的感覺寫下來，隔天報紙登出來，從此「萬巒豬脚」的名聲越來越響亮，達官顯要到萬巒吃豬脚的也愈來愈多，連當時的蔣經國總統也特別去光顧過。

成名的故事介紹完了，學生的筆也陸陸續續的擱了下來，我請先寫完的同學拿著牙籤先嚐一塊，叫他們慢慢品味；更進一步的告訴他們：入口前先仔細端詳豬脚的色澤，細細嗅聞豬脚的氣味，再放入口中，特別留意舌頭接觸時，那一刹那的感覺。然後再細嚼慢嚥，用心體會牙齒嚼豬脚的觸感，以及食物吞下時，經過咽喉、食道，一直到達胃的感覺，尤其蒜頭在胃中的作用，抓住特色，運用聯想，寫出創意。

老師先帶頭試吃了一塊，臉上那種表情，看了令人不禁也想吃一塊。我隨後也吃了一塊，那肉吃進去又香又Q，醬汁又甜又辣又香，真……真真真真是太好吃了，皮也很富彈性，我咬來咬去，根本捨不得吞下去。再吃第二塊時，挑的是瘦肉，我沾了較多的醬汁，肉放進嘴裡時，我小心並多次細嚼（差點咬到舌

頭）、品嚐，不硬也不爛，有令人想一塊接一塊猛吃的慾望。（鄭安婷）

當豬腳端到我面前時，我張大了比平常大十倍的眼睛，仔細挑選了一塊又大又有肉的豬腳，然後沾滿了佐料，大口的往嘴裡塞。「嗯！」真是美極了！美味從食道慢慢滑入胃中，那種感覺真是前所未有的舒服、過癮，我還一連吃了三塊呢！（劉若梅）

當我吃下的那一剎那，蒜頭的味道全擴散在我嘴裡，醬料甜甜香香的味道全都滑入我的胃裡，豬腳細嚼的感覺很脆很嫩，不會很硬韌，也不會太爛，非常爽口好吃。總歸一句話：味道棒極了。心裡好想大快朵頤一番。（葉淑方）

以前爸爸常帶我去吃萬巒豬腳，但味道沒有今天的好，因為今天只有一點點可吃，所以大家特別珍惜，一口一口慢慢咬，吃得可以感覺出豬腳肉從口一直到肚裡。最好笑的是黃稚筌同學，他一直舔，舔到連碗裡的醬油都沒了，他還一直舔，真是令人受不了。（黃暐萍）

「一直舔，舔到連碗裡的醬油都沒了，他還一直舔。」這幕場景，不就是現在四、五十歲以上的中年老人，小時候幾乎都有過的經驗嗎？只是那時候沒有人會笑，也不會「令人受不了」，因為大家都很窮，可以吃的東西不多。長輩們常提醒我們：一粥一飯當思來之不易，如果糟蹋一粒飯、一匙菜，會被雷公打死，老天爺會不給我們飯吃。現在台灣經濟起飛，人民豐衣足食，到處可以發現奢侈浪費的現象，每天中午用餐時，看到學生豐盛的便當，吃不了幾口就倒進回收桶時，內心甚感婉惜，亦極痛心，所以常提醒學生要吃完，或者從家裡帶適量的便當到校。我也利用這次教學，告訴學生：好吃的東西，不一定要吃多，品味、適量最重要；做人要克勤克儉，事業才容易成功。學生也蠻懂事的，聽了之後，普遍都有很感性的回應。

我以前去吃過許多次的萬巒豬脚，那時只覺得很好吃，今天卻不同；今天我所吃的，並不只是萬巒豬脚，裡面還包含了老師的用心，所以今天的萬巒豬脚讓我覺得更有味道。（謝天祐）

豬脚雖然是一個不起眼的食品，但林海鴻先生卻有運用他的智慧加以研發，使豬脚成了家喻戶曉的明星。因此由此可以證明：只要有恆心、毅力，沒有不成

功的事情。（邱締）

吃萬巒豬脚令人感觸良多，以前總是大口大口的吃，因此吃不出味道來；現在細嚼慢嚥，什麼酸的、辣的口感都出來了，所以做事要細心，才能成功。從萬巒豬脚享譽全省的經過來看，不論是任何事情，只要有「海鴻伯」的精神，去細心研究，必定能成功，說不定還會一夜致富呢！（謝明謙）

「萬巒豬脚」所以馳名海內外，是因為「海鴻精神」所促成。所以我最後叮嚀學生：當我們在吃美味可口的萬巒豬脚時，千萬不要忘了要心存感激，感念前人的功績。學生們大多都能牢記在心，把感激之情作為結語。

吃完了豬脚，聽完了故事，總覺得自己很幸運，因為居住在屏東的我，可以隨時嚐一嚐豬脚的美味，雖然路途有些遙遠，但比起居住在台北的人，你說，我是否幸運多了呢？（潘俊仁）

上完了這堂作文課，使我覺得以前在吃時，根本體會不出它的美味，但因為這節作文課，使我品嚐出它的特別。也得知林老先生當時為了生活而研製出好吃的豬腳，現在不僅聞名全國，而且也是萬巒的熱門行業，雖一度因口蹄疫而乏人問津，但最近又再熱鬧滾滾，門庭若市，成為大家假日的好去處。（邱文慧）

之前我吃過幾次，都不如這次吃得有知識、來得有趣。希望有機會，能再和爸爸去吃一次，重溫三年前和爸爸一起吃的情景；所不同的是，三年前我只懂得大口大口地吃，三年後我不但會口齒留香，而且會吃出「海鴻精神」。（鄭光宏）

原載於《國文天地》第159期
民國87年8月，頁21～26

談作文命題的原則

陳滿銘

命題的好壞，關係到學生作文興會之有無。出了好的題目，能使學生有一吐為快的發表慾望；出了不好的題目，則會弄得學生文思枯竭，興會全無。如果一再地使學生文思枯竭、興會全無，那麼，輕則將使學生敷衍了事，重則將使學生憎恨作文，視為畏途，這是必須極力避免的。為了避免造成這種後果，便要嚴守如下命題原則，以增強學生的創作慾望。

一、切合學生的能力

學生的能力，和他們的學習與生活經驗是息息相關的。如果學生的學習與生活經驗廣泛而充實，那麼他們的能力也相應地提高，因此在命題時，便要考慮一般學生的學習與生活經驗。其中課內的學習經驗比較容易掌握，因為只要耐心地翻一翻他們學習過的國文、歷史、地理及相關課本，就能了解個大概。至於課外的學習經驗與生活經驗，則各不相同，而可取作文章思想材料的，自然有所差異，即使差異不多，在其深廣度與正確度方面也會不一樣。做人老師的，如不跟學生多作接觸，是很難把握得住的；等到接觸多了，他們共通的課外學習經驗與生活經驗，就可以大致了解，這樣再配合他們課內的學習經驗，擬定大家都可以作的題目，是可以做到的。譬如在國中二、三年級時，出「談綠化」或「談環境保護」的作文題目，由於它們一方面與學生日常生活有密切的關係，既能切合他們的生活經驗，一方面在國一課文裡選有〈行道樹〉、〈溪頭的竹子〉和〈植物園就在你身邊〉等三篇文章，又能和他們的學習經驗配合，所以這兩個題目，大致說來，是可以切合學生能力的。又如「創造富而好禮的社會」一題，因為其中的「禮」，在學生的生活經驗中，對它的體認極其有限，而學習經驗中，對它的認知也極其膚淺，根本不曉得「禮」有兩種：一為「禮」之文，指的是典章制度與行為準則，一為「禮」之本，指的是仁義。因此，這個題目對國中生，甚至高中生來說，是超出他們的能力範圍的。這樣，要他們「言之有物」，是件困難的事。

二、適合學生的需要

為使學生的作文能力能平衡發展，命題必須適應他們的需要，也就是說要針對他們的需要作全盤的規畫，就以內容來說，範圍不可侷限一隅，應力求廣泛，既要從自身、家庭、學校、鄉里或其人、事、物等方面來命題，也要就修養、學業、時事、歲時等方面來擬定題目，正如章師微穎先生所說的「題目的材料，則自吾人日常生活飲食居處交遊之微，直到社會的形形色色，宇宙的事事物物，都可讓我們盡量選用。」（《中學國文教學法》第五章）至於體裁，則可以參考國文課文所佔文體比例作合理的安排，以國中而言，各文體的比例，根據民國七十二年教育部頒布的課程標準，是這樣子的：

學年／百分比／文別	第一學年	第二學年	第三學年
記敘文	四五％	三五％	二〇％
論說文	三〇％	三五％	四五％
抒情文	二〇％	二〇％	二〇％
應用文	五％	一〇％	一五％

說明一：㈠右表所列之百分比，可斟酌增減；但其增減量，以百分之五為限。

㈡所選各類文體，一年級內容以銜接國小六年級國語課本程度為原則，二、三年級逐漸加深。

說明二：㈠記敘文宜由寓言故事入手，漸進於人、事、情、物之描述及名人之傳記。二、三年級，並宜酌採記言或記事中附有意見感想者，以啟導論說文之學習。

㈡論說文宜由短篇入手，以至於夾敘夾議及理論精確之教材；三年級並可略選有辯論性之教材。

㈢抒情文宜取其真摯感人者。如係舊體詩歌，宜選淺顯明白者。舉凡矯柔虛飾及消極頹廢之作，應予避免。

㈣應用文以書啟、柬帖為主，其他有關應用文之各類體例，列為附錄。

就高中而言，各文體的比例則為：

文別／學年／百分比	一	二	三
記敘文	三〇%	二五%	二〇%
論說文	四〇%	四五%	五〇%
抒情文	三〇%	三〇%	三〇%

說明：①各體文篇數之總和，應用文應占百分之二十。

②上表所列之百分比，可酌量增減，但以百分之五為限。

右列比率與說明，雖然是針對課文來定、來說的，但一樣地可以移用到作文的命題上，作為重要的依據或參考。譬如以國中二年級學生來說，規定一學期要作八到十篇作文，就可以要學生作記敘文與論說文各三至四篇，抒情文一至二篇，應用文一篇。這樣配合體裁，再考慮內容來命題，自然就能使學生的作文能力有均衡發展的機會了。

三、配合學生的興趣

按理說，只要題目切合學生的能力，就會引起他們的寫作興趣才對，但由於作文更關係到學生內心的積蘊，所以所命的題目，除了切中學生的能力外，如果又能切中他們內心的積蘊，那麼所引發的興趣就將更大了。而這種內心的積蘊，是要多觀察才能曉得的，黃師錦鋐先生說：「教師在命題的時候必須注意，排除自己的成見與偏好，平時多觀察學生興趣的所在，測知他們胸中積蓄些甚麼，而在這範圍內來擬定題目。學生見到這種題目，正觸著他們胸中的積蓄，引起他們發表的慾望與興趣。這樣不自然命題，也將會與自然的表達無二。縱使他們還不十分希望寫作，還沒有達到不吐不快的境地，但依題作去，總會把積蓄拿出來，決不會將無作有，強不知以為知。勉強的成分既少，自有工夫去研究寫作的技術問題。如再經教師批改、點化，使學生有一種自得的愉快，學生就會認為習作是一種享受了。」（《中學國文教材教法》）能使學生把作文當作是一種享受，可說是作文教學的最大成效之一，是我們必須努力加以促成的。要促成這種提高寫作興趣的成效，除了須設法切中學生內心的積蘊，如同上述外，也可以從題面的設計加以著手。這點比較容易做到，例如「自述」這個作文題目，大多數的學生看了都會大皺其眉頭，但如果將它改成「自我素描」或「我的畫像」，則一定會比原題目容易引起學生的寫作慾望；又如將「中秋節感言」這個題目改為「閒話中秋」、「月餅的自述」或「月到中秋分外明」，相信也會使學生增多一些寫作興趣。這在命題的時候，是要多加費心的。

四、範圍之寬窄須合度

一般說來，題目範圍如過大，則由於可寫的太多，往往不知選擇那個部分來寫的好，就是能夠選擇，也因為毫不費力的緣故，無法好好地構思，激發創作的潛能，以至於使學生不容易寫出好的作品來，所以範圍太寬，是不十分合適的。至於範圍過窄，則可用以寫作的材料較少，容易使學生陷入無話可說的窘境，尤其是對作文程度較差的學生而言，這種情形更是嚴重，因此範圍過窄，也是不太合適的。既然太寬過窄都不合適，命題時便要使它的範圍做到「寬窄合度」的地步。譬如下列一組題目：

我的家庭

我的父親
我父親的嗜好
我父親的煙斗

其中「我的家庭」一題，範圍比較寬，而「我父親的煙斗」則範圍比較窄，至於「我的父親」與「我父親的嗜好」，範圍就不寬不窄，比較合度。就一般中學生的程度來說，低年級的適合於寫「我的父親」，高年級的適合於寫「我父親的嗜好」。

五、題面須力求簡明

最好的題目，是讓學生一目了然的。也就是說，學生看了以後，能直接了解它的意義，清楚地曉得這個題目要他寫什麼，既沒有含混不清之處，也不會有掌握不了重心的毛病。要做到這一點，題面就非清晰、簡短不可。譬如「我最快樂的一天」或「談禮貌」這兩個題目，詞義既淺易，字數又不多，能使學生一目了然，不會產生任何的迷惑或困擾，所以它的題面是極為清晰、簡短的。又如有一年的外交人員甄選考試，出了「專對」這個題目，這個題目出自《論語·子路》篇，原文是這樣子的：「子曰：誦《詩》三百，授之以政，不達；使於四方，不能專對；雖多，亦奚以為？」用這個題目來考外交人員，就內容而言，是最恰當不過的，因為外交人員最須具備的就是「專對」的能力，但「專對」一詞卻不被現在一般的人所習用，就是讀過《論語》的人，也不一定能完全了解它的意思，這樣，對一般考生而言，這個題目便犯有不夠清晰的缺憾。那就無怪那一年大部分的應考人要不知所云了。再如民國六十二年大學聯招的作文題目是：「曾文正公曰：『風俗之厚薄，繫乎一二人心之所嚮。』試申其義。」、六十三年大學聯招的作文題目是：「荀子云：『吾嘗終日而思，不如須臾之所學。』試申其義。」前者共二十三字，後者也有二十字，題目都過於繁長，實在不合簡短的原則。如果前者改為「論上行下效」，後者改為「論學與思」，則不但題面變得清晰簡短，就是在內容上，也拓得更寬廣，使得學生能更徹底地加以論述了。

六、儘量不預設主旨或立場

本來作文的題目預設了主旨、立場，沒給學生留下多少的空間，硬性要求學生在預定的框框裡，儘量設法滿足題旨的要求，從某個方面來說，未嘗不可藉以訓練他們的作文能力。但是由於題目已限定了學生該說什麼，不僅會降低他們的寫作興趣，也會影響他們的創造潛能。因此命題時，要儘量不預設主旨、立場，以留下較大的空間給學生，讓他們就自己所蘊積於內心的思想情意，透過題目，從各個角度加以表達。如「周末」這個題目，既可以透過周末時之所見、所聞，以「勿以善小而不為」做為一篇的主旨，也可用它來表達「助人為快樂之本」或「百善孝為先」的道理，更可藉以抒發親情、友情或同胞之愛；而且除了可用記敘文體之外，還可採論說文體來寫，以討論中西周末之差異，提出幾個度周末的好方法，甚或論周末之重要。這麼一來，使學生有極大的空間，可完全隨著他們自己的意思來決定主旨、立場，顯然會比較容易激起他們的創作慾望與潛能。又如「苦雨」與「談讀書的快樂」這兩個題目，已經預設了主旨、立場，學生只能照著預定的方向來寫，在主旨、立場上，一點也沒有可以自主的餘地，藉以密切和自己內心的蘊蓄結合，這樣，對他們的創作興趣與潛能之激發，一定會有負面的影響。當然，偶而出這類題目，使學生在束縛下作腦力的激盪，是可以的，但多了就不合宜了。

七、題目不宜超過兩題、雙軌

作文時，只出一題，讓學生定下心來，克服種種的困難去寫作，以收到「山窮水盡疑無路，柳暗花明又一村」的效果，可以說是最理想的。但要它完全能切合學生的興趣與能力，卻往往不易做到，因此偶而多命一題，以求補救，是被容許的。但絕不宜超過兩題，因為學生在作文時，多半會遇難而退，如果讓他們只換一題，還有足夠的時間來好好地寫，若換兩題或兩題以上，則時間必然會有所不足，以至於最後隨便換上一題，敷衍了事，這樣要他們在寫作上求得進步，是相當困難的。還有，出一個作文題目，最好是單軌或雙軌，以使學生能徹底地加以撐握，如「一本書的啟示」、「自由與守信」，前者為單軌，後者為雙軌，都很容易使學生掌握它們的重心，作較深入的探討；至於三軌或三軌以上，則因為要顧到的「點」較多，而「面」也相應地較廣，想要學生寫得深刻，是非常不容易的。如民國七十九年大學聯招國文科的作文題為「愛國愛鄉愛人愛己」，便含四軌，不但每軌都要顧及，而且還有作層進式的論說，這樣一個四軌的題目，要求學生在短短的時間之內，作深入的論說，顯然是件奢望的事。這在命題時非注意不可。

八、偶而可令學生自由命題

要求教師所命的題目，都能密切與學生各自內心的蘊蓄結合，可說很難完全如願。所以偶而讓學生有機會，根據各自積蘊的思想情意、命個題目，把它們傾吐而出，未嘗不是件快事。要這麼做，當然以不限定文體、範圍為宜，但如果為了作整體的配合，就是限定文體、範圍，實在也沒什麼關係。不過，必須注意的是：學生所自命的題目，一定要經老師認可才可以，因為除了要預防有題不成題的情形外，還要預防有少部分的學生會藉此機會，揶揄、謾罵特定的對象，或對一些傳統的東西，非理性地加以醜化，汙蔑，有的甚至會用以表達一些消極頹廢的思想或不當的情感，這在學生自定題目時，只要稍加留意，便可看出蛛絲馬跡，而及時加以防止，能夠這樣，自由命題就會發揮它最大的效用。

除了上列八點外，其他如要與時事、節令配合，與課外閱讀或文化基本教材（高中）聯繫（參見曾忠華先生《作文命題與批改》），都可以使命題作文所帶來的缺點降到最低的程度，以發揮它較大的功能，這是做教師的該努力以赴的。

附：作文命題舉隅

這是針對課文所擬的題目，為國立臺灣師範大學八二級選「作文教學指導」課的學生作業，特此公開出來，供大家參考：

課文	冊別	命題
一、夏夜（楊喚）	國一冊三課	1.我最喜歡的季節 2.消暑趣味談 3.夜的聯想 4.中秋賞月記 5.秋夕 6.夢 7.如果我是一片雲 8.××請聽我說（新詩）
二、鄉下人家（陳醉雲）	國一冊六課	1.談環境保護
三、父親的信（林良）	國一冊七課	2.小學生活的回憶 2.寫給朋友的一封信
四、雅量（宋晶宜）	國一冊八課	1.尊重別人就是尊重自己 2.寬大為懷

五、行道樹（張曉風）	國一冊十課	1.談綠化 2.付出與回饋 3.施比受更有福
六、兒時記趣（沈復）	國一冊十一課	1.我的童年 2.我的小學生活 3.海的聯想
七、從今天起（甘績瑞）	國一冊十四課	1.把握現在 2.坐而言不如起而行
八、汗水的啟示（邵僴）	國一冊十六課	1.付出的快樂
九、溪頭的竹子（張騰蛟）	國一冊十八課	1.竹的聯想 2.我最喜愛的植物 3.校園一角
十、飲水思源（藍蔭鼎）	國一冊十九課	1.一本書的啟示

十一、匆匆（朱自清）	國一冊二十課	1.歲暮感懷 2.一年的回顧
十二、沒字的書（章錫琛）	國二冊二課	1.大自然的啟示 2.還我綠色大地 3.建立書香社會
十三、負荷（吳勝雄）	國二冊三課	1.叮嚀 2.下課後（新詩）
十四、植物園就在你身邊（駱元元）	國二冊四課	1.大自然是我們的教室 2.論環境保護的重要
十五、最苦與最樂（梁啟超）	國二冊六課	1.談責任 2.勤勞與懶惰
十六、記承天寺夜遊（蘇軾）	國二冊七課	1.散步的情趣 2.月的聯想

十七、背影（朱自清）	國二冊八課	1.一個關愛的眼神 2.我最難忘的一件事
十八、立志做大事（孫文）	國二冊九課	1.我最敬佩的偉人
十九、志摩日記（徐志摩）	國二冊十課	1.日記一則 2.近日校聞記要
二十、五柳先生傳（陶淵明）	國二冊十一課	1.我最難忘的人
二十一、愛蓮說（周敦頤）	國二冊十三課	1.我最喜愛的植物 2.我的寵物
二十二、初夏的庭院（徐蔚南）	國二冊十六課	1.夏的聯想 2.校園一隅 3.遊記一則

二十三、孔子的人格（張蔭麟）	國三冊四課	1.一個影響我最深遠的人 2.假如我是一位老師 3.同情心
二十四、談興趣（廖枝春）	國三冊九課	1.我最喜歡做的一件事 2.再試一次
二十五、謝天（陳之藩）	國三冊十課	1.常存一顆感謝的心 2.謙卑的人有福了 3.施與受 4.談謙虛 5.談節儉
二十六、為學一首示子姪（彭端叔）	國三冊十一課	1.一勤天下無難事
二十七、鳥（梁實秋）	國三冊十二課	1.我的寵物 2.我最喜歡的動物

二十八、越縵堂日記三則（李慈銘）	國三冊十三課	1.日記一則 2.生活記趣
二十九、孟子選：齊人（孟子）	國三冊十七課	1.談廉恥 2.知足常樂
三十、成功（鄭頻）	國三冊二十課	1.收穫 2.耕耘與收穫 3.面對挑戰 4.再試一次 5.奮鬥的人生
三十一、禿的梧桐（蘇梅）	國四冊二課	1.當我失意的時候
三十二、一枚銅幣（余光中）	國四冊三課	1.一顆螺絲釘 2.一塊抹布（新詩） 3.一幅圖畫（新詩）

三十三、春（朱自清）	國四冊六課	1.晚霞 2.旭日 3.雨後的台北
三十四、我所知道的康橋（徐志摩）	國四冊七課	1.晨曦初上時 2.遊記一則
三十五、一隻白鳥（王志健）	國五冊三課	1.希望與奮鬥
三十六、習慣說（劉蓉）	國五冊四課	1.把握今天 2.如何養成良好的生活習慣
三十七、詹天佑（佚名）	國五冊六課	1.我最敬愛的民族英雄
三十八、與宋元思書（吳均）	國五冊八課	1.上學途中
三十九、運動最補（夏承楹）	國五冊九課	1.談運動的重要 2.運動與健康 3.我最喜歡的運動

四十、我心目中的世界（愛因斯坦）	國五冊十三課	1.我的心願 2.如果有一天 3.你、我、他 4.最難忘的一件事
四十一、勤訓（李文炤）	國五冊十四課	1.耕耘和收穫
四十二、座右銘（崔瑗）	國六冊一課	1.一句話的啟示 2.一個影響我最深的人
四十三、張劭與范式（范曄）	國六冊四課	1.小故事大啟示 2.一位影響我最深的朋友 3.我最要好的朋友
四十四、元曲選：天淨沙（馬致遠）	國六冊五課	1.山水有情
四十五、生存與奮鬥的啟示（蔣經國）	國六冊七課	1.一本好書的啟示 2.嚴以律己、寬以待人

四十六、儉訓（李文炤）	國六冊八課	1.節約與吝嗇 2.如何改進奢靡的社會風氣
四十七、與妻訣別書（林覺民）	國六冊十一課	1.奮鬥的人生
四十八、敬業與樂業（梁啟超）	國六冊十三課	1.談守分
四十九、左忠毅公軼事（方苞）	高一冊三課	1.我最喜歡的歷史人物
五十、早起（梁實秋）	高二冊六課	1.晨（新詩）
五十一、琵琶行（白居易）	高四冊十課	1.一件難忘的事

原載於《國文天地》第111期
民國83年8月，頁47～54

談作文批改的原則

陳滿銘

批改為了要收到最大的效果，使學生不但知所改進，更能樂於寫作，便不能不守住如下幾個原則：

一、保留習作的原意

批改學生習作時，在思想材料方面，如果發現有什麼不妥當的地方，應儘量保留它的原樣，而用批語在眉端指出它來，進而說明理由，並提出正當路向，以免改得滿紙通紅，使學生的自尊心既受損，而又失去了寫作的信心與興趣。譬如學生寫道：

核能發電會產生大量的二氧化碳，使空氣遭到嚴重的汙染。

這和已知的事實不符，因為核能發電是不會產生二氧化碳，以造成汙染的。這個事實，可透過眉批告訴學生，而不必直接修改。又如學生寫道：

> 孔子重視「仁」而往往忽略了「智」。

這也不合事實，因為孔子是主張由「智」而「仁」，以至於最後達到「仁」、「智」合一境界的，也就是說，孔子重視「仁」，也不忽略「智」，他所主張的「仁」，是「仁」中有「智」的；所主張的「智」，是「智」中有「仁」的。這種道理，可藉眉批作簡要的說明。當然，有的錯誤比較單純，又不牽連前後文意，是可以直接修改的，如：

> 八月二十七日是教師節。

這是記憶出的錯，可直接將「八月二十七」改「九月二十八」。又如：

> 黃昏時看見一彎彩虹出現在西方。

這句話的問題出在「西」字，因為黃昏時的彩虹應出現在東方，所以直接將「西」字改為「東」就好了，但一定要眉批告知學生這樣修改的理由。

二、儘量切近學生的程度

批改學生的作文，一定要設法切近學生的程度。這樣，一方面可以使學生真正了解教師所以這麼修改的原因，產生「深獲我心」的感受；一方面對學生寫作的能力，更會有提昇的作用。不然，改得再好，對學生而言，是起不了什麼作用的，因為所批改的不在他們可以接受、領會的範圍之內，怎麼能讓他們「知其然」，又「知其所以然」呢？

譬如學生寫道：

> 東坡一直都有置身於邊疆來保衛國土的心。

如果改成：

> 東坡一直都存有「西北望，射天狼」的報國願望。

這「西北望，射天狼」六字，出自東坡題為「密州出獵」的〈江城子〉詞。這首詞，據題目，知道作於密州。其中「天狼」，是星名，主侵掠，用以代指西夏。引東坡本人的作品來改，確實比原作好，但學生卻無法了解，因為無論國中或高中的學生讀過這一首詞的人並不多啊！又如學生寫道：

朱子比較注重實際，王陽明比較注重理想，各不相同。

如果改為：

朱子側重「自明誠」，而王陽明則側重「自誠明」，是各有所偏的。

這樣改，確實比較具體，且能突出朱、王兩人思想的特色，但學生大都無法理解，就是高三的學生讀過《中國文化基本教材》第六冊所選《中庸》的幾章，也一樣不能完全了解「自明誠」與「自誠明」的精義與兩者的區別所在，所以這樣改，顯然超越了學生的程度，是必須避免的。

三、多作積極的指導，少作消極的批評

對學生習作的內容與形式，發現有什麼不當的地方，固然教師要分別給予指正，作消極的批評，但也該緩和語氣，避免作直接無情的貶責，把學生的作品批評得體無完膚，使他們的自尊心受損，而喪失了寫作的信心與興趣。

如學生寫道：

更想及她知足常樂的樸實行為，十分對生活感到幸福的心痛。昏暗的燈光下，母親那雙粗糙而又溫暖的手，又重新在我的腦中浮現，使我更為心酸。

這節文字可改為：

想及母親在寒風凜冽的清晨，早起作飯時那佈滿皺紋的臉，以及她在大雨滂沱中為我們送衣送傘，昏暗的燈光下，用那雙粗糙而又溫暖的手，不停地為我們工作的情景，使我更為心酸。

如果這樣下眉批：

文詞枝蔓，不知剪裁。

學生看了這兩句評語，信心一定會受到相當的打擊。如果下這樣的眉批：

「更想及她知足常樂的樸實行為」起，至「又重新在我的腦海中浮現」止，文意不聯貫，所以刪去枝蔓的文詞，使上下連成一氣。

顯然地，這種批語比較會為學生所樂於接受。這樣措語一改，結果就會大不相同，做教師的何樂而不為呢？至於學生表現優美或必須給予指引的地方，更要加以讚賞或指導，以提高他們寫作的興趣與能力。如：

有了母親，我們在人生艱難的旅程上，不至於感到驚慌害怕，有了母親，使我們不再焦急和失望。慈母，不絕地賜給我們鼓舞和溫暖，就像是一粒永遠永遠都不熄滅的火種，默默的燃燒，給子女一種安定的力量。

這節文字可改為：

母親，使我們在人生艱難的旅程上，不至於感到驚慌害怕，母親，使我們不再焦急和失望。母親，不斷地給予我們鼓舞和溫暖，就像是一把永遠永遠都不熄滅的火種，默默地燃燒，給子女一種安定的力量。

並且下這樣的眉批，加以指導：

「慈母」改為「母親」，目的在於和上二句「母親」，使我們……母親，使我們」的「母親」二字，構成「隔離類疊」的修辭效果，以加強語勢。

又如學生寫道：

拿破崙引聖經的話說：「上帝因為不能親自照顧每一個人，所以才創造了母親。」

可下這樣的眉批，加以讚賞：

引用名言作為文章的引言，既能顯示主旨，又能增加文章氣勢。

（以上例子取材自曾忠華先生《作文命題與批改》）

能這樣作積極的指導或讚賞，學生看了以後，自然能受到莫大的鼓勵，而樂於寫作，並逐漸提高他們的作文能力。

四、須作適當的眉批與總批

教師對於學生作文時有關審題、立意、選材、布局、措辭的優劣得失，都要加以指點。其中屬於局部性質，寫在文章眉端的，稱為眉批；屬於整體性質，寫在文章末尾的，稱為總批。這種批指關係到學生寫作能力之提昇，是不可少，而且是要兩者兼顧的。而所用的文字，為收到實際的效果，必須淺明中肯，確切具體，不宜用一些空洞膚泛的語句，如「行文清順」、「用語妥貼」、「內容貧乏」、「情意不真」等批語，對學生的寫作，實在不會有多大的啟發作用，只是浪費筆墨而已，這是應該極力避免的。至於比較具體中肯的批語，用於文章眉端的，如：

從社會現況說明充實自己的重要性，起筆切實有力。

本段論須依靠學問以提高生活品質，極有見地。

本段自「相信是無人能推翻的」以下各句，均係敘述千古不變的道理」，非主題所需，故宜刪去。

舉反例以證主旨，可獲「正反相生」之效；惟舉證之後，應就反面之意加以申論，以充實內容。

這些評語，或重在指導，或重在讚賞，對學生的寫作，都會有相當的助益。而用於文章末尾的，如：

從真實的鏡子，說到「心鏡」，而以「心鏡」為主，論述在人生不同的歷程中，如何善用「心鏡」，使人生更充實，更有意義。立意不俗，對人生的體

驗也很深刻，小小年紀有此境界與寫作技巧，真是難得。（〈一面鏡子〉）

先論今日社會的現況，以說明充實自己，提昇生活品質的重要，一開頭即能以簡潔的文筆點破題意；接著就個人與國家的關係，論述充實自己，提昇生活品質的相關性，頗能開拓題材的領域；結束論述以「學問」為提昇生活品質之原動力，從個人推論到全人類，眼光遠大。本文取材結構都能把握題旨；不過應注意刪去一些多餘的文詞。（〈充實自己，提昇生活品質〉）

本文各段，皆能緊扣「現實與理想」的題意，加以闡述，議論詳盡，段落分明，文意亦頗聯貫。但對「理想」一詞的定義，認識不夠深刻，以致第二段與第三段中，某些文句含意欠明晰，略顯零亂。末段既是總論，宜更求簡潔周詳。（〈現實與理想〉）

用語詼諧自如，文句暢順活潑，但是沒有抓住重點作深廣的發揮，只就生活的一面而發揮，使內容顯得狹窄。（〈物質與精神〉）

（以上評語取自曾忠華先生《作文命題與批改》）

這些評語，都能針對全文加以批指，發揮了指導、讚賞的相當功用。另外，必須一提的是：總批所涉及的角度如果多樣，則最好以條舉的方式來寫，如：

一、首段以連續設問之法，逼出人生學習之必要；從題目之側背下手，饒富匠心。

二、中段分別以井蛙、碗沙、海川、風袋等四則譬喻，或詳或略的自正面或反面疏解文義，極盡具體且曲折委婉之妙。

三、結尾復以精簡文字容賅前文，並予點題收束，無過無不及，實為難能可貴之佳作。（林義烈老師評趙弘舜〈虛心〉）

一、生老病死悲歡離合，人間的故事何其多，就命題來說，敘寫一段自己或別人的過往，足可交代；本文卻跳出窠臼，以戰爭來經緯人類的故事，顯示了獨特的創意與視野。

二、行文含蓄而有張力，字裏行間意象飽滿，詩化的文字，韻致別具。

三、「然而戰爭也可看作人類社會中一種存優汰劣的方法」這樣的觀點令人不寒而慄！偏確是人間的真實；細細想來，人世種種紛擾，像剪不斷理還亂的死結，終致不得不決絕一戰，一戰之後，所有的衝突與糾葛往往才有了紓解的轉機，慘痛的代價誠可浩嘆！

四、可惜末兩段表達粗糙；沙場上的殊死戰畢竟不是人生內容的常態，怎樣藉戰爭來縮影人類的種種奔競以回應本文起首主張，是結語應該正視的課題；否則便是為寫戰爭而寫戰爭，不是「故事」。（郭麗華老師評翟水祥〈故事〉）

（取材自《建中八十年度文選》）

很明顯地，這種分條列舉的評語，是比較容易讓學生一目了然的。

五、批改前應先遍覽全文

教師在批改學生作文之前，一定要先將全文看一遍，對全文的主旨、結構及聯絡照應的情形，獲致大概的了解，然後才能著手批改。不然，不該刪的刪了，而該刪的卻沒刪；不該改的改了，而該改的卻沒改，這樣，前後的照應不能照顧得很周到，也將增加批改的時間，這是非常不妥當的事情。譬如：

心靈有如一泓寧靜的湖水，而反省則是是湖中源源不斷的清流，湖水的湛藍得力於清流不捨晝夜的湧入，而心靈的透明清澈也需仰賴反省時時的砥礪。

反省第一個收穫，是讓我們清楚的認識自己，我們常常由於環境的影響，和欲望的誘惑，被迫戴上不同的面具，我們以不同的面具面對著不同的人事，雖可八面玲瓏，左右逢源，但我們卻忘記了我們原本的面貌，忘了我們的真性情，而反省此時有如一把利刃，劃開了我們的面具，揭開了我們不輕易示人的本性，而我們的善良和天真，就自然而然的顯現了，我們被邪惡侵襲的創痛，也可得到清涼的洗滌，無怪乎曾子曰：「吾日三省吾身。」

反省的第二個收穫，就是能使我們撿拾錯誤所遺留的教訓，而不會重蹈錯誤的軌跡，日本名將德川家康，每回打了敗仗，總會坐在木椅上咬著指甲凝神苦思，總要找到錯處方得心安。犯錯並不是一件可恥的事，但一錯再錯，卻不是任何人所能忍受的，而反省，正是防止一再犯同樣錯誤的南鍼，孔子曾經讚美顏回「不貳過」，又誇獎顏回道：「吾見其進也，未見其止也。」由此可見反省能使人記取教訓，精進不已。

反省的第三個收穫，是讓我們明辨事物的道理，我們如果把一件我們與他人交涉過的事情拿來細細思量一番，我們會發現我們做事的缺點，和別人處世的真機，於是徹底明白了是非曲直，真偽之辨，進而如古人所說：「見賢思齊，見不賢而內自省。」使得自己的智慧更加圓融。

擁有活躍的心靈才能擁有完美的人生，因此我們必需時時為死寂的心湖添入奔

流的清泉，時時反省，才能開發自己的潛能，創造生命的價值。（蔡青松〈論自我反省的收穫〉）

此文採「凡、目、凡」的形式寫成，將自我反省的收穫很有層次地交代清楚。教師在看這一篇文章時，如果在第二段的開頭，將「第一個」改成「第一大」，則第三、四段就該順著把「第二個」、「第三個」改成「第二大」、「第三大」，並且還要看看有沒有此種層遞的關係。又如果由於第二段末尾引曾子的話，與本段「清楚地認識自己」的主意既不十分切合，又一樣地可移用於第三、四段，而把它刪除，就會有不勻稱，不劃一的毛病，因為第三、四兩段，作者都訴諸權威，各引了孔子的話來加強說服力，所以保留它，總比刪除的好。由此可見，在批改之前先把全文看一遍，是個相當重要的原則。

以上所述是批改作文的幾個重要原則，教師如果能守住這幾個原則來批改作文，相信學生會更樂於接受教師的批改與指導，而提高批改的效果。

原載於《國文天地》第112期
民國83年9月，頁50～56

談幾種非傳統的作文命題方式

陳滿銘

作文命題的方式，為了讓它靈活而有變化，使學生能從多方面去練習寫作，以有效地提高學生寫作的興趣與能力，就非適度地走出傳統不可。以下就是幾種已被大眾肯定的非傳統命題方式：

一、擴充

這是利用一段或一則短文，讓學生以此為基礎，續寫或擴寫成一篇文章的一種命題方式。由於它一方面有一段或一則短文作基礎，使學生有基本的材料可依據，不致漫無範圍；一方面又留有相當的自主空間，使學生能馳騁他們的才情與想像力，所以是相當好的一種命題方式。它可分為兩種：一為續寫，二為擴寫，都以「不走樣」為首要要求，要做到這點，就得守住三個原則：㈠添加枝葉，只增不減；㈡擴展內容，豐富情節；㈢精細刻畫，描摹生動。續寫的，如：

〔題目〕

下列一段文字，是文章的開頭，請續寫完篇，成為一篇記敘文：

老師說：「要想寫好作文，就得勤觀察。」我對老師的話半信半疑，心裏想：「不一定吧！」

〔例文〕

然而，在一次無意的玩賞時，我體會到老師的話千真萬確。

那是一天早晨，我去北京頤和園遊玩，在水榭四周，我觀賞美麗的荷花。

遠望池中，滿眼碧綠，微風過處，荷葉翩翩起舞。近看，荷葉大如圓盤，小似碟子，有的好像把小傘；它一片片，一層層；給池塘鋪了綠色的地毯。偶爾有一兩隻翠鳥穿過花叢，瞬間又消失在一片綠色中，只留下一兩聲清脆的叫聲。

這時，一陣清風吹來，荷葉上水珠滾動，晶瑩透亮。風停了，水珠由小聚大，越發光亮。在碩大的荷葉上邊，亭亭玉立的綠色箭杆，托著含苞待放的荷花；荷花尖尖，粉紅的花瓣微微顯露，與碧綠荷葉相映成輝。

忽然，一隻藍色的蜻蜓飛來，它東飛飛，西飛飛，似乎在尋覓落腳的地方。不一會兒，它停落在一朵未開的荷花上。這情景，我猛地想起古詩中的句子來：「小荷才露尖尖角，早有蜻蜓立上頭。」詩人不是實地觀察，怎麼會寫出千古傳頌的名句呢？作詩如此，寫文章不也是這樣嗎？

「要想寫好作文，就要勤觀察。」老師的話我深信不疑了。

（取材自小白等編《命題作文指導》）

擴寫的，如：

〔題目〕

試將下列一則短文，擴寫為三百字左右的一篇文章：

陳捷和逸瓊在放學路上，遇上雷陣雨。周老師急忙把雨衣替她們披上。小璐看到周老師給雨淋著，連忙招呼兩人合用雨傘。師生四人高高興興地回家去。

〔例文〕

放學路上

天空中佈滿了烏雲，雷聲隆隆，電光閃閃。

放學了，陳捷、逸瓊背著書包，急匆匆地趕回家去。她們沒跑幾步，大雨就「嘩嘩」地下了起來。陳捷用手帕遮在頭上，逸瓊用書包頂在頭上，兩個人冒著雨向前跑去。

正在這時，聽見後面有人在喊：「陳捷、逸瓊，等一等。」兩人回頭一看，原來是班主任周老師。周老師跑到她倆前，急忙脫下身上的雨衣，一邊給她倆披上，一邊說：「淋了雨會著涼的，快披著雨衣回家吧」陳捷看著滿臉雨水的周老師說：「周老師，您也要被雨淋濕的。我們家就在附近，還是您自己穿吧。」她們正相互推辭著，小璐撐著傘走來了。看到周老師淋在雨裏，她連忙踮起腳，把傘舉得高高的，說：「周老師，我們合用吧。」周老師笑眯眯地說：「好，謝謝你。」

師生四人高高興興回家去。身影逐漸消失在雨幕裏。通俗歌曲《小雨傘》的優美旋律依舊在雨街上迴盪……

（取材自陸逐、朱寶元編《初中作文指導》）

二、濃縮

這是提供一篇長文，讓學生縮寫成一段或一則短文的一種命題方式。它與「擴充」正相反，要求的：㈠不是要添加枝葉，而是要掃除枝葉；㈡不是要豐富情節，而是要保留重點；㈢不是要精刻細處，而是要著眼大處。而且還要特別注意如下三點：㈠在內容上保留原文的中心思想與主要內容，㈡在形式上儘量保持原文的結構與語言風格，㈢在字數上符合要求。如：

〔題目〕

試將朱自清的〈春〉濃縮為四百字左右的短文：

盼望著，盼望著，東風來了，春天的腳步近了。

一切都像剛睡醒的樣子，欣欣然張開了眼。山朗潤起來了，水長起來了，太陽的臉紅起來了。小草偷偷地從土裡鑽出來，嫩嫩的、綠綠的。園子裡、田野裡，瞧去，一大片一大片滿是的。坐著，躺著，打兩個滾，踢幾腳球，賽幾趟跑，捉幾回迷藏。風輕悄悄的，草綿軟軟的。

桃樹、杏樹、梨樹，你不讓我，我不讓你，都開滿了花趕趟兒。紅的像火，粉的像霞，白的像雪。花裡帶著甜味；閉了眼，樹上髣髴已經滿是桃兒、杏兒、梨兒！花下成千成百的蜜蜂嗡嗡地鬧著，大小蝴蝶飛來飛去，野花遍地是：雜樣兒，有名字的、沒名字的，散在草叢裡，像眼睛、像星星，還眨呀眨的。

「吹面不寒楊柳風」，不錯的，像母親的手撫摸著你。風裡帶來些新翻泥土的氣息，混著青草味，還有各種花的香，都在微微潤濕的空氣裡醞釀。鳥兒將窠巢安在繁花嫩葉當中，高興起來了，呼朋引伴地賣弄清脆的喉嚨，唱出宛轉的曲子，與輕風流水應和著。牛背上牧童的短笛，這時候也成天在嘹亮地響。

雨是最尋常的，一下就是三兩天。可別惱！看，像牛毛、像花針、像細絲，密密地斜織著，人家屋頂上全籠著一層薄煙。樹葉子卻綠得發亮，小草也青得逼你的眼。傍晚時候，上燈了，一點點黃暈的光烘托出一片安靜而和平的夜。鄉下去，小路上、石橋邊，撐起傘慢慢走著的人；還有田野工作的農夫，披著蓑，戴著笠的。他們的草屋，稀稀疏疏地在雨裡靜默著。

天上風箏漸漸多了，地上孩子也多了。城裡鄉下，家家戶戶，老老小小，他們也趕趟兒似的，一個個都出來了，舒活舒活筋骨，抖擻抖擻精神，各做各的一分事兒去。「一年之計在於春」，剛起頭兒，有的是工夫，有的是希望。春天，像剛落地的娃娃，從頭到腳都是新的，它生長著。

春天，像小姑娘，花枝招展的，笑著，走著。

春天，像健壯的青年，有鐵一般的胳膊和腰、腳，它領著我們上前去。

〔例文〕

盼望著，盼望著，東風來了，一切都像剛睡醒的樣子，欣欣然張開了眼。小草偷偷地從土裡鑽出來，園子裡、田野裡，瞧去，一大片一大片滿是的。桃樹、杏樹、梨樹，都開滿了花趕趟兒。花下成千成百的蜜蜂嗡嗡地鬧著，大小的蝴蝶飛來飛去，野花遍地是，散在草叢裡，像眼睛、像星星，還眨呀眨的。

「吹面不寒楊柳風」，不錯的，像母親的手撫摸著你。風裡帶來些新翻泥土的氣息，混著青草味，還有各種花的香。鳥兒將窠巢安在繁花嫩葉當中，賣弄清脆的喉嚨，唱出宛轉的曲子，與輕風流水應和著。

雨是最尋常的，一下就是三兩天。看，像牛毛、像花針、像細絲，密密地斜織著，人家屋頂上全籠著一層薄煙。

城裡鄉下，老老小小，一個個都出來了，各做各的一分事兒去。「一年之計在於春」，剛起頭兒，有的是工夫，有的是希望。

春天，像剛落地的娃娃，從頭到腳都是新的，它生長著。

春天，像小姑娘，花枝招展的，笑著，走著。

春天，像健壯的青年，有鐵一般的胳膊和腰、腳，它領著我們上前去。

（取材自李炳傑〈談文章濃縮〉）

又如：

〔題目〕

請將下文濃縮為二百五十字左右的短文：

荔枝蜜

花鳥草蟲，凡是上得畫的，那原物往往也叫人喜愛。蜜蜂是畫家的愛物，我卻總不大喜歡。說起來可笑，小時候有一回上樹掐海棠花，不想叫蜜蜂螫了一下，痛得我差點兒跌下來。大人告訴我，蜜蜂輕易不螫人，準是誤以為你要傷害它，才螫；一螫，它自己就耗盡了生命，也活不久了。我聽了，覺得那蜜蜂可憐，原諒它了。可是從此以後，每逢看見蜜蜂，感情上疙疙瘩瘩的，總不怎舒服。

今年四月，我到廣東從化溫泉小住了幾天。那裏四圍是山，環抱著一潭春水。那又濃又翠的景色，簡直是一幅青綠山水畫。剛去的當晚是個陰天，偶爾倚著樓窗一望，奇怪啊，怎麼樓前憑空湧起那麼多黑黝黝的小山，一重一重的，起伏不斷？記得樓前是一片園林，不是山。這到底是什麼幻景呢？趕到天明一看，忍不住笑了。原來是滿野的荔枝樹，一棵連一棵，每棵的葉子都密得不透縫，黑夜看去，可不就像小山似的！

荔枝也許是世上最鮮美的水果。蘇東坡寫過這樣的詩句：「日談荔枝三百顆，不辭長作嶺南人。」可見荔枝的妙處。偏偏我來得不是時候，荔枝剛開花。滿樹淺黃色的小花，並不出眾。新發的嫩葉，顏色淡紅，比花倒還中看些。從開花到果子成熟，大約得三個月，看來我是等不及在這兒吃鮮荔枝了。

吃鮮荔枝蜜，倒是時候。有人也許沒聽說這稀罕物兒吧？從化的荔枝樹多得像汪洋大海，開花時節，那蜜蜂滿野嚶嚶嗡嗡，忙得忘記早晚。荔枝蜜的特點是成色純，養分多。住在溫泉的人多半喜歡吃這種蜜，滋養身體。熱心腸的同志送給我兩瓶。一開瓶子塞兒，就是那麼一股甜香；調上半杯一喝，甜香裏帶著股清氣，很有點鮮荔枝的味兒。喝著這樣的好蜜，你會覺得生活都是甜的呢。

我不覺動了情，想去看看一向不大喜歡的蜜蜂。

荔枝林深處，隱隱露出一角白屋，那是溫泉公社的養蜂場，卻起了個有趣的名兒，叫「養蜂大廈」。一走近「大廈」，只見成群結隊的蜜蜂出出進進，飛去飛來，那沸沸揚揚的情景會使你想，說不定蜜蜂也在趕著建設什麼新生活呢。

養蜂員老梁領我走進「大廈」。叫他老梁，其實是個青年，舉動挺穩重。大概是老梁想叫我深入一下蜜蜂的生活，他小心地揭開一個木頭蜂箱，箱裏隔著一排板，板上滿是蜜蜂，蠕蠕地爬動。蜂王是黑褐色的，身量特別長，每隻工蜂都願意用採來的花精供養它。

老梁讚嘆似的輕輕說：「你瞧這群小東西，多聽話！」

我就問道：「像這樣一窩蜂，一年能割多少蜜？」

老梁說：「能割幾十斤。蜜蜂這東西，最愛勞動。廣東天氣好，花又多，蜜蜂一年四季都不閒著。釀的蜜多，自己吃的可有限。每回割蜜，留下一點點，夠它們吃的就行了。它們從來不爭，也不計較什麼，還是繼續勞動，繼續釀蜜，整日整月不辭辛苦……」

我又問道：「這樣好蜜，不怕什麼東西來糟蹋麼？」

老梁說：「怎麼不怕？你得提防蟲子爬進來，還得提防大黃蜂。大黃蜂這賊最惡，常常落在蜜蜂窩洞口，裏幹壞事。」

我不覺笑道：「噢！自然界也有侵略者。該怎麼對付大黃蜂呢？」

老梁說：「趕！趕不走就打死它。要讓它待在那兒，會咬死蜜蜂的。」

我想起一個問題，就問：「一隻蜜蜂能活多久？」

老梁說：「蜂王可以活三年，工蜂最多活六個月。」

我不禁一顫：多可愛的小生靈啊！對人無所求，給人的卻是極好的東西。蜜蜂是在釀蜜，又是在釀造生活；不是為自己，而是為人類釀造最甜的生活。蜜蜂是渺小的，蜜蜂卻又多麼高尚啊！

透過荔枝樹林，我望著遠遠的田野，那兒正有農民立在水田裏，辛勤地分秧插秧。他們正用勞力建設自己的生活，實際也是在釀蜜——為自己，為別人，也為後世子後釀造生活的蜜。

這天夜裏，我做了個奇怪的夢，夢見自己變成一隻小蜜蜂。

〔例文〕

蜜蜂是畫家的愛物，我卻總不喜歡。小時候有一回叫蜜蜂螫了一下，痛得我差點兒從樹上跌下來。大人說，蜜蜂一螫，就耗盡了生命。我聽了就原諒它了，可每逢看見蜜蜂，感情上疙疙瘩瘩的，總不怎麼舒服。

今年四月，我到廣東從化溫泉小住了幾天。剛去的當晚是個陰天，倚窗一望，奇怪啊，怎麼樓前憑空湧出那麼多黑黝黝的小山？趕到天明，原來是滿野的荔枝樹，密不透縫，黑夜看去，可不就像小山似的！

偏偏我來得不是時候，等不及在這兒吃鮮荔枝了。調上半杯荔枝蜜一喝，你會覺得生活都是甜的呢。

（取材自陸逐、朱寶元編《初中作文指導》）

三、仿寫

這是提供一篇範文，讓學生運用自己所掌握的材料，寫成相似或有所創新之作的一種命題方式。由於它可以幫助學生練習寫作的各種技巧，為獨立構思文章打下良好的基礎，所以也受到相當的重視。它要求準確地根據範文所提供的結構與寫作上的特點，運用自己所儲存的材料，加以仿寫，而在遣詞造句上，也須力求變化，以免犯上「東施效顰」的毛病。譬如有一道作文題：

有人以為從拔河中可以得到啟示，譬如：拔河，不僅是氣力的競賽，更是意志的較量。比賽到了最後階段，雙方幾乎都精疲力竭了。這時，任何一方失去堅持到底的意志，瞬間就會成為失敗者。誰有韌勁，誰就會得勝。我們幹革命，搞建設，也是這樣。在前進的道路上不可能一帆風順，會遇到種種風浪和挫折。在這種時候，尤其需要堅韌不拔的意志和頑強的毅力，勝利往往存在於再堅持一下的努力之中。

請你參考上文的寫法，以〈——的啟示〉為題（直線上可代以任何一種體育項目），寫一段一百五十字左右的議論性文字。

有人以〈游泳的啟示〉為題，寫道：

游泳不但是氣力的比賽，而且是意志的較量。比賽臨近結束，雙方差不多都精疲力盡了。這時任何一方失掉堅持到底的意志，一下子就成為失敗的人，誰有幹勁，誰就會得勝。我們搞現代化建設也是這樣。在前進的道路上不可能一帆風順，會遇到種種艱難困苦。在這時候，尤其需要堅強的意志和頑強的毅力，勝利常常存在於再堅持一下的努力中。

這篇仿作，顯然沒有自己的材料，而語句也大都襲用原作，只能說是抄襲，而非真正的仿寫。

對這個題目，又有人以〈打乒乓的啟示〉為題，寫道：

紅花雖好，也要綠葉扶助。

我國的乒乓球首先走向世界，靠的是容國團等世界冠軍，可又有誰能否認那些

「走在世界冠軍前面」的默默無聞的陪練者的功勞呢？比賽要靠運動員的個人技術、競技狀態、應變能力等因素，而個人技術是基礎。世界冠軍一旦離開了陪練者的支持配合，技術無從提高，必將衛冕乏術。現在搞改革也一樣。一個改革家，靠的是理論基礎和實踐能力，可一旦離開了他那些名不見經傳的支持者，肯定也會一事無成。

（取材自朱敏捷著《中學生當場作文四十問》）

這篇作文，既有自己的材料和見地，遣詞造句也有諸多變化，可稱得上是「仿寫」的一篇佳作。又如：

〔題目〕

讀〈故園文竹〉仿寫詠物一則，題目自擬。

故園文竹

晚秋，風有些涼意。

我獨自走進一個清冷的花園。這裏的花草已被移到新建的街心花園去了，留下的亂草大多枯黃了。忽然，我在一個小角落裏發現了一點綠意；快步走去一看，噢，那是一株文竹。

它一尺來高，主幹上殘留著被折斷的傷痕，顯然它有過磨難，甚至生死的考驗。然而，它懷著綠色的希望，葱鬱的理想，激起了生命的力量，執著地拔節頂芽。瞧，節上生出許多的小枝；小枝上又節節生枝，長得多麼葱蘢，這正宣告了不滅的追求，抗爭的報捷。

它沒能去熱鬧的街心花園，也許不願去那裏。它懂得生命會在冷靜中完善自己；在貧瘠的土地上、不顯眼的角落，更顯示自身的意義。它不要繁華的生活，它不願向眾人炫耀，更不需要名利；在故園耐著寂寞，因為它有成熟的追求，煉得自己更頑強、堅韌。

夕陽，斜照故園，陽光伸出溫暖的手撫摸著文竹，輕聲地說：堅信——當春風吹開雪下的夢境，這故園雖無遍地鮮花，卻會綠草悠悠，翠竹青青。

〔例文〕

外公的一盆文竹

外公寫字台上，有一盆文竹。它是外公的心愛之物。

文竹挺立在奶黃色的方盆中，那淡色的小盆把文竹襯得格外蒼翠。盆下墊著盛滿清水的瓜子形瓷盆，文竹汲著清水，長得蓬蓬勃勃，生機盎然。近看，它一節節主枝挺拔，斜枝橫逸，葉似綠絨；遙望，一團綠色，多麼像一朵綠雲！

冬天到了，天氣漸漸寒冷起來，馬路上的街樹黃葉飄零，而我家的文竹依然鬱鬱蔥蔥。我每每頂著寒風放學回家，一見它就會寒意頓消，似乎見到了一派春色。

近來，退休在家的外公不常出門辦事，一出門就是好幾天，對文竹也就少了照管，但它還是那樣碧綠青翠。我還發現文竹的根部爆出了新芽嫩竹。這不正象徵了它旺盛的生命力嗎？

文竹，沒有月季那絢爛的花朵，也沒有牡丹富麗的色彩，然而，它不擇地勢，不畏嚴寒，不需人們許多照料，卻綠得誘人，四季長青，生命常綠——這也許就是外公把它視為珍寶的緣故吧！

（取材自小白等編《命題作文指導》）

此文透過「物」，仿範文之體式，從自己生活的感受中提煉主題，摹擬中有創造，很合於仿寫的要求。

四、改寫

這是提供一篇文章，讓學生改變其形式或某些內容，以寫成與原作關係密切而又互不相同之作的一種命題方式。因為這種方式，除了可提供題材資料，使學生有所依據外，更可藉以激發學生的想像力與創作力，所以同樣受到大家的重視。這裡所謂的「改」，是指多方面的，在形式方面可要求：㈠改體裁，如將詩歌改寫成散文、將記敘文改寫成論說文；㈡改作法，如將演繹式改為歸納式；㈢改人稱，如將第三人稱改為第一人稱。在內容方面可要求：㈠改主題思想，㈡改中心人物，㈢改故事情節的線索等。如

〔題目〕

試將下列一首詩改寫為一篇語體散文：

塞下曲 盧綸

月黑雁飛高，單于夜遁逃。

欲將輕騎逐，大雪滿弓刀。

〔例文〕

刺骨的寒風呼呼地吹著，鵝毛般的雪花紛紛地飄落，沒有月亮的晚上，大地一片漆黑。是深夜了，士兵們都已入睡，整個營區森嚴寂靜，只有巡哨官兵的步履及報時的金柝聲，在寂冷的空氣中迴蕩著。

「嘎嘎！嘎嘎！」「嘎嘎！嘎嘎」黑漆漆的夜空，忽然傳來了陣陣的雁叫聲。

「怎麼回事！這麼晚了，還會有雁鳥在空中飛鳴？」正在巡查的一位士兵困惑的說者。

「啊！不好。莫非是敵人來偷襲？趕快去報告元帥。」

帶隊的一位年青軍官，發現今晚的情況有點不尋常，吩咐士兵繼續巡查後，連忙跑到元帥帳中去報告。

近幾個月來，敵人一連打了好幾次敗仗，不敢正面應戰，只是據壘而守，元帥因此傷透了腦筋，正在沈思要用什麼方法來誘敵出戰，好一舉加以殲滅時，被雁叫的聲音驚動了，剛要出去查看，正好哨官前來報告，經過一番研析後，他判定敵人不敢來偷營，大概是乘著黑夜逃跑了。不過為了安全，防敵人情急來襲，他還是下令全軍加強戒備，並派一隊士兵前往敵營探看。

「報告元帥，敵人已經摸黑溜走了，現在只剩下一座空營。」

「中軍！傳令下去，叫先鋒官通知他的騎兵，只帶一些必要的裝備，馬上在前面廣場集合，我要帶他們去追趕逃跑的敵人。」

聽了偵察回來回來士兵的報告後，元帥下達了緊急集合命令。

風依然在怒吼，雪下得更大，儘管氣溫是那樣低，戰士們卻都是熱血滿腔，士氣如虹，大有不把敵人消滅，誓不回營的壯志。就這樣追呀追呀，已經趕了不少路程，可是敵人的蹤影卻一點不把敵人消滅，誓不回營的壯志。就這樣追呀追呀，已經趕了不少路程，可是敵人的蹤影卻一點也沒有發現，這時將士們的弓箭和刀槍上已積滿了厚厚的一層雪，但他們仍然不放棄這殲敵的良機。

「唉！追了半天，還不見敵人蹤跡，天黑路又難走，萬一敵人設下了埋伏，豈不是要上當吃虧。古人說窮寇莫追，還是回去吧！」

眼看雪越下越大，路越來越難走，元帥無奈地下達了回營的命令。

「部隊注意！元帥有令，停止追敵，轉回營地。」

在此起彼落的命令傳達聲中，軍士們悵然地兜轉了馬頭，一隊隊依序朝營區轉進，那奔馳在雪地上的「篤」「篤」「篤」馬蹄聲，好像正在傾訴著他們功成未徹的鬱結情懷呢！

這篇改寫的文章，在深入理解了原作的主題思想後，發揮了改寫者的想像力，編造了許多情節，已造成了「再創造」的效果。又如：

〔題目〕

請將下列古文改寫為語體文

守株待兔　　韓非子

宋人有耕田者，田中有株，兔走，觸株折頭而死。因釋其耒而守株，冀復得兔。兔不可復得，而身為宋國笑。

〔例文〕

宋國有許多肥沃的良田，田邊的村莊裏住著樸實、善良、勤勞的農民。他們每天雞叫頭遍，就起來下田幹活，常常幹到天黑。這樣日復一日，年復一年，不知度過了多少個春夏秋冬，不知進行了多少次春播秋收。

有一個農民，常常在田裏幹活，休息時，常坐在田間的一顆高大、挺拔的大樹下想：要是哪天能不幹活就好了。想著想著，他有些迷迷糊糊起來……

一陣風吹過，他不禁打了個寒顫，從夢中驚醒，他望望耕過的田地，長長地嘆了口氣，懶懶地站起身，扛起鋤頭回家去。忽然，什麼東西從他腳邊一穿而過，喲，原來是一隻野兔，從田邊草叢中竄出來像箭一般向前竄去。他正後悔剛才未逮住它，兔子可能因為跑得太快了，一頭撞在大樹上，身體被彈出去，四腿伸長，不動了。他心中一喜，飛快跑過去，將兔子拎起來，抖了幾下，兔子一動不動，再一細看，原來它的頸骨已經折斷了。於是，他哼著小調，高高興興地回家了。

第二天，他一到田頭，就把鋤頭扔在一邊，坐在樹下，希望能再有一隻兔子撞死，這樣，他就又可以飽餐一頓了。可是，直等到太陽落山，等得他頭痛眼酸，仍不見兔子撞死。就這樣，日復一日，年復一年，他老了，鋤頭也銹了，田地也荒蕪了。人們看見他，就笑著說：「這就是那個守著大樹等待兔子來的人啊！」

從此以後，「守株待兔」這個故事就被流傳下來。

（取材自陸逐、朱寶元編《初中作文指導》）

對這篇文寫之作，蔡瓊說：「這篇改寫文較好地領會了原作精神，但又是對原作消化後的再創作，除了在語體上改動以外，在寫作角度上亦有所改動：對農夫用了濃墨，增加了心理描寫、動作描寫，將記事改寫為記人為主。」（見同上）他把這篇改寫作品的特點，說得相當清楚。

五、組合

這是提供若干詞語或文章，甚至限定某個範圍，讓學生依據所提供之詞語、自由選取文章或某限定範圍內的詞語，以組合成文的一種命題方式。由於這種方式最能與學生學習或生活的經驗作密切之配合，且可藉以訓練學生組織與運用詞語之能力，所以是值得大家推動的。提供若干詞語的，如請

〔題目〕

試運用下列詞語（次序可變換）以組合成一百字左右的短文：

髒亂　衛生　社會問題　清新亮麗　人人有責

〔例文〕

㈠

現在環境的汚染，日益嚴重，是大家所痛心的一個（社會問題）。環境的（髒亂），造成了汚染，對於我們所居住的地球，將造成極大的破壞，所以努力地去創造（清新亮麗）而（衛生）的環境，是「人人有責」的，就讓我們一起來

拯救地球吧！

(二)

原本（清新亮麗）的環境，那兒去了呢？為何轉眼間便變得如此（髒亂）呢？是誰造成的？是誰的錯？你？我？喔！不，是大家的錯。「環境保護，（人人有責）」是大家常說、常聽的，但卻不好好地去做，否則又怎麼會形成日益嚴重的（社會問題）呢？大家必須切記：注重（衛生）才能保護環境，才能擁有美好的地球。

（取材自民國八十二年臺灣省高職聯招試題、試卷）

選用文章詞語的，如

〔題目〕

試選用羅家倫〈運動家的風度〉一文中的語句組合成一首新詩：

運動家的風度　羅家倫

提倡運動的人，以為運動可以增加個人和民族體力的健康。是的，健康的體力，是一生努力成功的基礎；大家體力不發展，民族的生命力也就衰落下去。

古代希臘人以為「健全的心靈，寓於健全的身體」，這也是深刻的理論。身體不健康，心靈容易生病態，歷史上、傳記裏和心理學中的例證太多了。

這些都是對的；但是運動的精義，還不只此。它更有道德的意義，這意義就是在運動場上養成人生的正大態度、政治的光明修養，以陶鑄優良的民族性。這就是我所謂「運動家的風度」。

養成運動家的風度，首先要認識「君子之爭」。「君子無所爭，必也射乎。揖讓而升，下而飲，其爭也君子。」這是何等光明，何等雍容。運動是要守著一定的規律，在萬目睽睽的監視之下，從公開競爭而求得勝利的；所以一切不光明的態度，暗箭傷人的舉動，和背地裏占小便宜的心理，都當排斥。犯規的行動，雖然可因此得勝，且未被裁判者所覺察，然而這是有風度的運動家所引為恥辱而不屑採取的。

有風度的運動家，要有服輸的精神。「君子不怨天，不尤人。」運動家正是這種君子。按照正道做，輸了有何怨尤。我輸了只怪我自己不行；等我充實改進以後，下次再來。人家勝了，是他本事好，我只有佩服他；罵他不但是無聊，而且是無恥。歐美國家的人民，因為受了運動場上的訓練，服輸的精神是很豐富的。這種精神，常從體育的運動場上，帶進了政治的運動場上。譬如這次羅斯福與威爾基競選，在競選的時候，雖然互相批評；但是選舉揭曉以後，羅斯福收到第一個賀電，就是威爾基發的。這賀電的大意是：我們的政策，公諸國民之前，現在國民選擇你的，我竭誠的賀你成功。這和網球結局以後，勝利者和失敗者隔網握手的精神一樣。此次威爾基失敗以後，還幫助羅斯福全種種外交活動；一切以國家為前提，這也是值得贊許的。

有風度的運動家，不但有服輸的精神，而且更有超越勝敗的心胸。來競爭當然要求勝利，來比賽當然想創記錄。但是有修養的運動家，必定要達到得失無動於中的境地。運動所重，乃在運動的精神。「勝固欣然，敗亦可喜。」正是重要的運動精神之一；否則就要變成「悻悻然」的小人了！

有風度的運動家是「言必信，行必果」的人。運動會要舉行宣誓，義即在此。臨陣脫逃，半途而廢，都不是運動家所應有的。「任重而道遠」和「貫徹始終」的精神，應由運動家表現。所以賽跑落後，無希望得獎，還要努力跑到的人，乃是有毅力的人。

運動家的風度表現在人生上，是一個莊嚴公正、協調進取的人生。有運動家風度的人，寧可有光明的失敗，決不要不榮譽的成功！

〔例文〕

運動

可以增加個人和民族體力的健康。

因為——

健全的心靈，寓於健全的身體。
民族的盛衰，繫於大家的體力。
運動
可以陶鑄優良的民族性，
那是——
運動場上養成了
人生的正大態度，
政治的光明修養。
運動家的風度啊！
首先他認識了「君子之爭」，
遵守著運動的一切規律。
還有，就是
具備了服輸的精神——
不怨天尤人，只求諸己。
有超越勝敗的心胸，

能得失無動於心。
而且是「言必信，行必果」。
即使是沒有得獎的希望，
也要貫徹始終，
決不臨陣脫逃，半途而廢。

世界正如一個運動場。
有運動家風度的人，
寧可有光明的失敗，
決不要不榮譽的成功。
啊！這種表現
不正是一個莊嚴公正、協調進取的人生嗎？
（取材自李炳傑〈談組合作文〉）

選用某一範圍詞語的，如：

〔題目〕

試用歌曲名稱組合成文
〔例文〕

林菁菁

㈠　歌名大賞

「就在今夜」我佇立在「橋」上，
望著一群停留在「河堤上的傻瓜」，
他們在「秋天的月亮」之下，
盡情地「擺開煩惱」。

我「不明白」那「紗窗裏的話」，
因為它像「旋木馬」般的
「在我心田」迴繞。

「我喜歡」在「無人的海邊」，
望著藍天上的「滑翔翼」。

但——
「陽光為什麼不來」，
我只好盼望著「天天天藍」。
「那天晚上」
我拿著「七束心香」，
送給那充滿「不一樣」的女孩。
但——
她「不說一句話」，
只是微笑得像「夏天裏的浪花」。

㈡

民歌的故事

賴信吾

「阿美！阿美！」「你說過」，愛情是一種「偶然」，我倆「十七尋夢」「在銀色月光下」「我不說你也不用講」，「那份偶然」像「生命的陽光」「走向我走向你」，還記得「下雨天的週末」，我們「迎著風迎著雨」哼著「奔放奔放」「赤足走在田埂上」嗎？「風告訴我」「愛是等待」，「我思我盼」，在那一段「被遺忘的時光」，就像「甜美的夢」，我們曾「歡樂在陽光下」，一同「踏浪」，當「行到水窮處」時，我拿著「吉他」，「我來彈您來唱」，譜出了「年輕人的心聲」，走在「大海邊」，挽著「你那好冷的小手」，「一個腳印一個記憶」的「踏著夕陽歸去」。

我們編織過「春天的故事」，也徜徉在「夏日的歡笑」裏，我們傾聽過林中的「秋蟬」，也享受過「和煦的暖暖冬陽」，妳想做「浮雲遊子」，我希望成為「龍的傳人」。「風兒別敲我窗」，「告訴我為什麼」，「思念總在分手後開始」，獨自「散步在清晨裏」，彷彿又聽到「微光中的歌吟」，只是那串「紛紛飄墜的音符」，怕已為「小雨中的回憶」了。

（取材自台北市立民族國中《校刊》）

以上幾種方式，都可以讓學生偶作嘗試，尤其是最後一種，可以用人名、校名、地名、國名、植物名、水果名等為範圍，使學生練習組合它們成為一般散文或新詩，相信是會引起學生寫作的興趣的。

六、閱讀心得

這是提供一篇文章或一本書，讓學生閱讀後，寫出心得感想的一命題方式。所謂的「文章」，可以是課文，也可以是課文以外的詞章；而所謂的「書」，可以是指定的書，也可以是學生自己選定的書。一般說來，這類的文章，寫作時先要掌握探作的中心思想或主要精神，加以引述，再從中提煉出「感點」，與生活實際打成一片，寫出個人的心得感想，以啟發別人或引起共鳴，收到寫作的最大效果。

提供文章的，如：

〔題目〕

試讀下列文章，寫成心得報告：

苦樂說貽湯司農 潘諮

分苦樂之境，各置一隅，立己其閒；望所樂者，皆宜有也；顧視彼隅，若人生必不應有之事，雖甚悍獷，避若無膽。聽視趨奔，惟樂是即。得其一二，則思什伯；得什伯，則思千萬。不幸而失其一二，則悄然不可暫耐；又不幸而失七八，則天下之苦境，若身兼之矣。起望彼隅，實相去尚未可里計也。

故求天下之至樂，莫若分兩隅，而衽席於本無有樂之地。偶有一樂，自彼境至者，受之若得千萬焉；從無而思有，若得自意外，遑求其美？彼以為無可樂者，居於樂中，狃而失其正也。

是故君子處境，先正其思；慎思之道，恃理以勝物。

〔例文〕

我讀苦樂說貽湯司農

什麼是苦？什麼又是樂呢？范仲淹說：「先天下之憂而憂，後天下之樂而樂。」他應是認為能使天下人得幸福就是他的快樂，而天下人的痛苦就是他的痛苦吧！有人說貧窮就是他的痛苦，富裕就是他的快樂。也有人說能立德、立功、立言就是他的快樂，而若得不到就成了痛苦。今世的人就和前世的人一樣，後世的人又和今世的人一樣，世世代代的人都在自己的價值觀下，尋求快樂而避開那痛苦。

但，真的是如此追求便能得到快樂嗎？這真是一個大問號。當人愈是汲汲營營之時，心中的慾望也愈大，想得到的也愈多，即使得到了些許的成果，總是不能滿足心中龐大的期望，而心中便愈來愈苦惱，猶如套上了重重枷鎖，得不到自由。

當張良輔佐漢高祖登上皇位後便心滿意足地瀟灑離去，相較之下，韓信反是非常貪心，終招致漢高祖的忌憚，而不得善終。義大利的加里波底領導紅衫軍完成義大利獨立戰爭後，便攜一小袋豆種至西西里島歸隱去了。而華盛頓領導美國完成獨立後，也不眷戀職位，奠定美國和平移轉政權，使得美國政治得以安定。他們兩位的不戀棧名利，均獲得後世無限的景仰與尊敬。由此可知，人不僅能因不貪求、不妄求而心裡踏實，有時也可能得到意外之福呢！

人生在世不過短短數十年，李白不就曾說過：夫天地者，百代之過客，萬世之逆旅。榮華富貴，生不帶來死不帶去；名利不過轉眼如浮雲。當得到了什麼，便當作是意外得到的快樂，失去了什麼也不必太過在意變成太痛苦。只問耕耘不問收穫，就能得到最大的快樂，避去痛苦，您說是嗎？痛苦和快樂本就在人的一念之間啊！

只要我們能端正自己的思想，做自己應為的正道，把自己想做的事徹頭徹尾的做好，在過程中去享受那分努力流汗、辛勤工作的付出美感，即使只得到些許回報，那又何妨？我們已經在歷程中吸取了最甜美的甘露，得到了豐富的經驗，不是嗎？若是不行正理，希冀得到非分的財富、地位或聲名，那只是徒增自己的煩惱，加大自己的幻想症罷了！又如何能得到快樂呢？當俯視天地、大海之際，內心可曾有過被擊打之震撼？感到人的個體只不過是空間中一個小點，何其渺小！而當正在繪製歷史年代表時，又有什麼感覺呢？是否了解到自己生活在歷史中的時間也不過是一小點，甚至連一小點的位置都佔不到！又何須在意這一時的得失呢？何不跳脫開來，將一切都能處之泰然。反而覺得心裡平平靜靜，彷彿腳踏著實地，頭頂著青天。

（取材自《教育部八十一學年度高級中學國文學科資賦優異學生保送甄試升學輔導總報告》）

〔題目〕

提供書的，如：

試讀《雅舍小品》一書，寫成心得報告。

〔例文〕

《雅舍小品》的作者是梁實秋先生，寫作的時間跨越了抗戰到戰後。由正中書局發行。民國七十五年五月臺出版，民國七十八年十二月初版第五次印行。梁先生將書名冠以「雅舍小品」，是表示他寫作的所在地——雅舍。

初與《雅舍小品》結緣，是因國中國文課本「鳥」這一課。當時就被梁先生對鳥的描寫深深地吸引，他說：

「鳥的身軀都是玲瓏飽滿的，細瘦而不乾癟，豐腴而不臃腫，真是減一分則太瘦，增一分則太肥那樣的穠纖維合度，……。」

在我這個俗人眼裏，鳥只是天上飛的動物，從不曾想過牠們也像人一樣，有高矮胖瘦的分別。梁先生對鳥觀察之細微，對鳥喜愛之深切，讓我對鳥的態度有了轉變，此後每見到鳥，就不忘多看牠幾眼。

從梁先生的作品中，我獲知了他對滾滾紅塵的看法。對於人：在「孩子」中，梁先生提到「孝子」的意義已經轉變，應該解釋成孝順子女才符合時代潮流。在「女人」中，梁先生認為女人有許多缺點，例如愛說謊、善變、善哭、多嘴、膽小等，惟一的優點就是聰明。在「男人」中，梁先生提出了男人的髒、懶、饞、自私、長舌等。在「詩人」中，梁先生對詩人的看法是：稱得上是藝術家，但以詩為業卻未免冒險。他舉了兩個例子，其一就是我們只見到王維的千古風流，卻沒有見到他苦吟時墮入醋甕的慘狀；其二就是我們崇拜詩聖杜甫到五體投地的地步，卻忘了他狂飲酒肉而脹死的不雅。在「乞丐」中，梁先生詳細地描述了乞丐營生的手段，字裏行間也隱約表現了同情憐憫的味道。在「醫生」中，梁先生介紹了醫生與病人之間奇妙的互動關係：醫生在病人面前，總是一副凜然不可褻瀆的道貌岸然。病人對醫生呢？生病了就委曲巴結，病好了就一腳踢開。對於事：在「送行」中，梁先生替送人者與被送者下一個定義，那就是：合作演一部戲。大多數的送人者沒誠意；大多數的被送者也沒閒情，徒然是一個形式罷了。在「握手」中，梁先生就握手對象的不同加以描述。一種是大官的手，那不好握，實際上你只能摸；另一種是角力家的手，那也不好握，除非你能忍受錐心的痛；最怕握到的是那冰涼冷濕的手，因為事後你如何用力地搓洗都不能把殘留在手上的餘冰給解凍。在「旁若無人」中，梁先生被那位腿筋彈性過於發達，非得不停震動前排座位的「仁兄」搞得頭痛不已。還有那些打哈欠不掩嘴、在戲院旅館中靜不下來的人，也令梁先生敢怒不敢言。在「講價」中，梁先生歸納了討價還價的藝術，首先是不動聲色，再來是無情批評、狠心殺價，最後要有一去再復返的勇氣。在「理髮」中，梁先生的感覺是：坐上那張椅子就像坐了電椅，因為只有任人宰割的分，尤其是刮臉時的那把剃刀，總是讓人恐懼腦袋就在那刀起落下與頸子分離。在「窮」中，梁先生認為窮是與生俱來的，因為人生下來就赤裸裸；窮是比較而來的，因為人心很難滿足。然而窮也有好處：實在而不虛偽、平素也落個清閒，待人慷慨更是它最大的優點。對於物：在「匿名信」中，梁先生對匿名信作者的批判是——怯懦。他只有藉匿名信把憤怒發洩一通的血氣之勇，卻缺乏寫出姓名敢作敢當的大勇。在「汽車」中，梁先生闡述了有車階級與無車階級所受到的差別待遇。

讀了這些篇章，梁實秋先生的機智、幽默、風趣、自嘲與反諷……等手法，讓我時而捧腹大笑，時而拍案叫絕、時而唏噓不已。他透過一字一句，娓娓細述著人生哲理。或許因為處在抗戰及戰後較為混亂的時代，對於一些尖銳的問題總是有別深刻的感受。梁先生在作品當中，很少像一般文人那樣以平鋪直述的手法寫作，或是隱惡揚善、歌功頌德，盡作些官樣文章，他只是極盡所能的去剖析闡明，從不退縮、不逃避。這種寓理於事，寓事於情的文章風格，是令我如此地折服而欽佩不已。

在梁先生對人的看法中，我得知孝道日益沈淪的危機及人名有不同的缺點。我尤其對「孝子」一詞的轉變有特別深的感觸。試想，中國傳統的孝順美德就斷送在我們這一代手裏，豈不可悲。為人父母的，辛苦賺錢早出晚歸，不為自己，只為了把最好的東西呈給子女，但其中不免有一絲炫耀的意味。為人子女的，茶來伸手飯來張口，將這一切視為理所當然。結果呢？有些子女缺乏管教，父母親的溺愛將他們送上了不歸路；有些子女對父母毫無情分，連在屍骨未寒的棺木前都能為著分遺產而大打出手。「臺南大富侯雨利事件」不就是一個很好的例子嗎？若是侯先生地下有知，相信一定難以瞑目吧！像這些上下兩代關係失調所衍生出來的問題，實在是不勝枚舉。這也是造成當今社會混亂的部分原因。

在梁先生對事的看法中，我獲得許多從前不知的道理。原來在送行這一件稀鬆平常的事情中，還隱藏了這層令人哭笑不得的做秀表演。在與人握手的功課中，還必須先具備足夠的學問才不會出糗。人窮還會帶來好處，這是我怎麼也想不到的。然而，處在這個名利掛帥的社會中，若是人人都有「窮」的觀念，一定就能夠把臺灣「賭博王國」、「貪婪之島」的惡名給洗刷掉。因為我們不要只是追求物質的享受，而讓心靈日漸貧窮；我們不要文化沙漠，我們要的是心靈富有。

在梁先生對物的看法中，我知道了一個惡作劇或玩笑或率性而為，會給別人帶來多大的不便。而人總是因錢財多寡而被差別對待。難道一個無車階級在有車階級的面前，就永遠抬不起頭、挺不起胸來嗎？我想不是這樣子的，常看見西裝筆挺的暴發戶一開口講話就滿嘴三字經，也常聽說一個宰豬為業的屠販寫得一手好書法等事蹟。因此，「錢」，並不是拿來衡量一個人有多少價值的準則，人的價值，完全在於人格道德的有無，而並非在於「汽車」的有無啊！

梁實秋先生雖然過世了，但是一讀起《雅舍小品》這本書，就感覺到梁先生彷彿在我的耳邊，用他一貫的口吻低低細語，告訴我許多人生的道理。細細地咀嚼梁先生的精采妙語：

凡是孩子的意志，為父母者宜多方體貼，勿使精受挫阻。

可以無需讓的時候，則無妨謙讓一番，於人無利，於己無損；……。

我再次地神遊在梁實秋式的幽默諷刺中。

（取材自《教育部七十九學年度高級中學國文學科資賦優異學生保送甄試升學輔導總報告》）

這幾篇心得報告，都是由高中三年級學生所寫，雖不能說寫得完美無瑕，但大致都能掌握原作的中心思想或情意，再從中提煉出「感點」加以寫作，很合乎這類文章寫作的要求。

七、設定情境

這是就社會的某一現況或虛擬的事件，設定一些情境，讓學生發表議論感想的一種命題方式。曾忠華教授在其《作文命題與批改》一書中說：「此種作文題目，或就社會現況，或虛擬事件，設定若干要項，令學生針對某事件，發表評論，以訓練學生對實際問題，或某種事件，能提出自己的意見，這是訓練學生習作論說文最實切的方法。」很扼要地說明了這種命題方式的特色與重要性。如

〔題目〕

就下列情境，找出堪以立論的焦點，闡發成一篇富有鑑戒性的短文。

情境如下：

一、林宗傑是高中二年級的學生，從國中到高一，學業成績每學期均居前三名以內，為人誠懇有禮，是一位品學兼優的學生。

二、讀高二時，因為受品行不良同學的引誘，放學後常到電動玩具店玩樂，荒廢學業，成績大為退步，其父痛加責備，遂意志消沈，終於誤藉「安非他命」以排遣苦悶，鑄成大錯。

三、林宗傑痛悔自己落得如此下場，只怪定力不夠，當邪念萌生時，不能以理智克服，一念之差，誤入歧途，因應一個人遇到外界邪惡的引誘時，須嚴守規範，千萬不可懷著苟且一試的心理，破壞自己一貫所秉持的修為，一般罪惡的行為，大多起於此種心理，所以凡事須愼始，否則，「道德隄防一決口，本有的德性，便隨波流失而不能自止」，到時悔不當初，為時已晚。

注意事項：

一、注意剪裁技巧：不宜偏重於事件的細述，應重於藉事寓理。

二、字數以三百字至五百字以內為限。

（〈命題者為曾忠華教授〉）

〔例文〕

㈠

「一失足成千古恨」，這一失足，是多麼不堪回首！

他——林宗傑，曾經是一個品學兼優的好學生。一個讓父母引以為傲的兒子，一個令同儕羨妒交加的伙伴。曾幾何時，才華洋溢的他，竟自墮落為「安非他命」的奴隸：

「我只是為試試看」。他說。於是，這姑且試試的第一次，就這樣毀了一個有為的青年。為了一個錯誤的選擇，他付出了多大的代價。

多少人，也曾像他一樣，為了一個可悲的決定，背負可悲的一生。而選擇，通常沒有第二次。

請重視每一個下判斷的瞬間，讓理性和良知來引導判擇。林宗傑的例子，正是最佳的鑑鏡。當邪念萌生的時候，當誘惑來到面前，請保持心靈的一片澄明。千萬不要抱著苟且試試的念頭：只要一小粒罪惡的老鼠屎，便能壞了道德修養的一鍋粥。一生，很可能就因為片刻的昏昧，而付諸東流——只是一顆小小的屎而已。

而他——林宗傑，在付出慘痛的代價後，終於找到了苦海的岸頭。而多少和他一樣誤入歧途的浪子們，卻在汪洋中葬送了美好的一生。朋友們！請珍惜自己，須知失足之後，「再回首已百年身」！

㈡

在安非他命氾濫而充斥校園的今天，不知有多少莘莘學子，或為了熬夜讀書而提神，或因不良分子的引誘，終在好奇心的驅使之下，踏上這不歸路，林宗傑就是屬於後者。

他從國中到高一，一直是個品學兼優的好學生，為人誠懇有禮，但上了高二後，卻禁不住品行不良同學的引誘，而沈迷於電動玩具，以致功課一落千丈。在他父親的痛責之下，他不但沒有醒悟，反而意志更為消沈，且一步一步地走向死亡邊緣——吸食安非他命，終於鑄成大錯。事後他雖然深自悔恨自己落得如此下場，可惜為時已晚，真是悔不當初。

現今的社會上，像林宗傑這樣的例子實在太多了，許多原本品學兼優的好學生，只因一時定力不夠，而受外界的蠱惑，便迷失了自我，使自己陷入痛苦的深淵。身為學生的我們，實在應該引以為鑑，當我們遇到外界邪惡的引誘時，應理智的思考判斷，堅決的抗拒這誘惑，切勿因一念之差而誤入歧途，也不要抱著苟且一試的心理，因為只要稍一把持不住，自己很容易就會被「姑息」給說服，一旦道德的隄防一決口，便有如山洪暴發般，一發不可收拾，本有的德性也會隨波流失，那麼就算有一天自己如大夢初醒的覺悟了，也已是悔不當初了。

（取材自《教育部七十九學年度高級中學國文學科資賦優異學生保送甄試升學輔導總報告》）

這兩篇情境作文，也是由高中三年級學生所寫，大體說來，都能依據題目所提供之情境條件加以論述，頗有可觀。

以上幾種非傳統的命題方式，都值得去嘗試。近幾年來，我國高中、高職、五專聯招以及高中國文科資優生升學甄試的作文試題，在傳統之外，已顧及非傳統的命題方式；而上個月大學的入學甄試，也在傳統的命題作文之外，另出一題「縮寫」，可見「以傳統為主、非傳統為輔」已成了作文命題的一種趨勢。升學考試或甄試既如此，那麼，日常在學校的作文命題，是不是該跟進呢？

原載於《國文天地》第107期
民國83年9月，頁50～64

國家圖書館出版品預行編目資料

名家論國中國文續編／陳滿銘等著. --初版.
--臺北市：萬卷樓，民 87
冊； 公分
ISBN 957-739-189-3(上冊：平裝).
--ISBN 957-739-190-7(下冊：平裝)

1. 國文-研究與教學 2. 中等教育-教學法

524.31 87012096

名家論國中國文續編(上)

著　　者：陳滿銘　等著
發 行 人：許錟輝
總 編 輯：傅武光
責任編輯：黃淑媛
出 版 者：萬卷樓圖書有限公司
台北市和平東路一段 67 號 14 樓之 1
電話(02)23216565・23952992
FAX(02)23944113
劃撥帳號 15624015
出版登記證：新聞局局版臺業字第 5655 號
網站網址：http://www.books.com.tw/
E -mail：wanjuan@tpts5.seed.net.tw
承印廠商：晟齊實業有限公司
電腦排版：文盛電腦排版有限公司
定　　價：260 元
出版日期：民國 87 年 9 月初版

ISBN 957-739-189-3